零基预算

实践、理论与创新

林颖　胡维娜　袁媛　著

中国财经出版传媒集团
中国财政经济出版社

图书在版编目（CIP）数据

零基预算：实践、理论与创新／林颖，胡维娜，袁媛著. --北京：中国财政经济出版社，2022.10（2024.9重印）

ISBN 978-7-5223-1684-0

Ⅰ.①零… Ⅱ.①林… ②胡… ③袁… Ⅲ.①财政预算-研究-中国 Ⅳ.①F812.3

中国版本图书馆 CIP 数据核字（2022）第 174272 号

责任编辑：卢关平　　　　责任印制：张　健
封面制作：孙俪铭

零基预算：实践、理论与创新
LINGJI YUSUAN SHIJIAN LILUN YU CHUANGXIN

中国财政经济出版社 出版

URL：http：//www. cfeph. cn
E-mail：cfeph@ cfemg. cn

社址：北京市海淀区阜成路甲 28 号　邮政编码：100142
营销中心电话：010-88191522
天猫网店：中国财政经济出版社旗舰店
网址：https：//zgczjjcbs. tmall. com
北京密兴印刷有限公司印刷　各地新华书店经销
成品尺寸：170mm×240mm　16 开　9.75 印张　166 000 字
2022 年 10 月第 1 版　2024 年 9 月北京第 2 次印刷
定价：46.00 元
ISBN 978-7-5223-1684-0
（图书出现印装问题，本社负责调换，电话：010-88190548）
本社质量投诉电话：010-88190744
打击盗版举报热线：010-88191661　QQ：2242791300

零基预算从哪里来，往哪里去？
（代前言）

在古代哲学思想中，零不是没有，零是万有，零是一种混沌状态，从零开始有很多可能。零的哲学意义，往前代表着过去的结束，往后预示着未来的开始。零是一种心理状态，是重新自我认知，用“复位归零”的心态去重新整理自己的智慧，吸收现在的、别人的、正确的、优秀的东西，来面对新的环境、新的政策、新的挑战。“归零”，是一场关于抉择与重来的勇气豪赌。“归零”，其实指的是一旦出现了问题困难，要从第一步到最后一步逐一溯源，抛弃主观臆断，重新一一验证，直到问题解决。

从这个意义上讲，零基预算，是对预算的零基思考，而零基思考则从零这个状态开始，核心是让思维回归原点，放下以前的存量，摒弃所有不起作用的惯性思维，从头开始思考。因此，零基思考就是从零开始，假设回到当初的状态，重新来过，摆脱惯性，摒弃原来的存量，重新设计预算。这种思考方式能帮助政府和部门改进决策过程，避免重复过去的错误，鼓励采取有益的行动。

“财者，为国之命而万事之本”，国家预算制度改革实为国家制度现代化的根本大计。“在人类创设和运作的制度体系中，公共预算制度在权力与资源领域的角色和作用都是关键性的。”习近平总书记指出，财税体制改革不是解一时之弊，而是着眼长远机制的系统性重构。财政是国家治理能力和治理体系现代化的基础和重要支柱。在所有财政问题中，预算处于核心位置。预算编制过程，不仅是自然人和法人行为选择的过程，是政治达成共识的过程，还是经济秩序博弈过程，更是社会多方融合过程。财政本质上都是围绕着预算资金的分配而进行的，各种行为选择、资源配置、政治冲突和社会融合最终都会反映到预算的全过程。现代预算制度就是在此基础上建立的，它始终在国家治理现代化和治理能力提升中发挥着基础性、制度性、保障性作用。国家预算制度的改革和建设，实际是超越预算法规支出的修改问题，实为中国国家制度现代化根本大计。只有管住政府预算收支，实现国家治理体系的现代化，才能建立起根治政府官员腐败的制度机制。通过这些年对我国政府财政收支的事实和制度的观察，结合对现代民主政治理念的理解，中国未来的政治体制改革和现代国家治理体系的建设应从国家预算管理制度的建设着手。

国家治理模式的全方位转变要求预算的全方位转变。由统治模式向治理模式的转变，是现代国家发展过程中的不可避免的“哥白尼式转向”，而被认为是国家治理的基础和重要支柱与动力传导的公共预算，从理论到实践也面临着一次全方位的转变。爱因斯坦曾经说过，一种理论前提越为简练，涉及的内容越为复杂，使用的领域越为广泛，那这种理论就越是伟大，预算在当代社会就是这样一种理论和实践。一是当代预算深度影响着自然人和法人的行为选择。预算不只是简单的技术或工具的问题，而是塑造某种特定的现代经济、社会文化与价值、廉政政府机构和活化社会机能的利器，时时在塑造着每个国家的公民。预算是一定时期内纳税人对政府财政行为进行控制、具有实际约束力的至关重要的法律文件，同时也深深影响着自然人和法人的行为选择。二是预算编制是民众达成政治共识的过程、是国家权力的安全阀。管住了预算权力，特别是强制征集资源、开支公款和举借债务的权力，就是管住了国家权力，包括政治权力和其他权力，现代预算制度首要功能在于约束和引导国家权力的运作。三是预算是经济秩序博弈的总游戏规则。现代国家治理体系包括市场、政府与社会三大维度，厘清政府治理、市场治理与社会治理的职能边界及“合作共治”方式甚为重要。现代政治经济学认为，市场配置与财政配置都是为了满足人的需要，市场配置主要为了满足人的个人需要，财政配置主要为了满足人的社会共同需要。市场配置是初始性配置，各市场主体能够配置和使用的资源并不是无限的；财政配置是对市场配置的再配置，是建立在市场配置基础上的，财政配置的资源实际上是以纳税人放弃的资源为代价的，在市场按要素贡献率分配并形成要素收入的基础上，能够由政府从中汲取的“公共资源”是有限度的。四是预算成为调动各方面力量共同化解社会公共风险的总中枢。凯恩斯认为，“人类行为影响着未来，不管是个人行为、经济行为还是政治行为。但是，人类行为不可能依赖于严格的数学预期，因为这种计算的基础并不存在”。在风险社会，人成为社会的中心所在，不再像工业时代那样为了社会生产而服务，而是为了人自己而服务；人与人之间的联系更加紧密，不可分割。风险因社会群体的高度的关联性而升级，局部风险演化为全局风险的速度和威胁程度在上升。社会越来越发达，个体做出某些举动都会在一瞬间影响和传递到世界每一个角落。风险社会治理结构的脆弱性使得风险不可避免，甚至孕育更为复杂和更加严重的制度性风险。在风险社会，科技水平提升给予人类面对风险更多的处置能力与容忍程度。但当社会形态快速演进，社会治理结构仍在艰难转身时，不仅无法实现以往的风险治理效果，制度本身也会产生更具威胁的制度风险。

国家治理需要围绕预算能力的提升来展开。无论我们如何定义国家能力，预算能力都是国家能力最基本的支撑。没有预算能力，国家能力就不可能存在。如果预算缺乏规范公共财政的能力，就不可能有强有力的政府，预算作为国家治理能力强弱的外在表征，其本身可凝练为一种能力的概括表达，重点指向完成或实现既定目标或意志的能动力量，可视为检测和衡量一个预算体系作用成效的集中表达。打破传统的由单一财政部门主导、仅服务于经济领域等降低预算治理格局的狭隘思维，跃升为由国家权力机关、行政机关以及社会公众等多元鼎力的共治视野，真正发挥预算作为国家治理基础和支柱作用。从 1978 年到 2021 年的整个财政收入的状况看，自 1994 年分税制改革以来，我国政府财政收支超高速增长，导致国民收入构成严重失衡。中国政府财政收入不断攀高，从 1978 年仅 1076 亿元，发展到 1994 年 5000 亿元，再到 2014 年 21.7 万亿元左右，目前年均达 34 万亿元左右。与此同时，政府的财政支出仍然章法不严，比如每年年底财政支出都会激增，财政支出的实际增幅也一直远远高于预算增幅。从这些实际数据可以看出，当下中国的财政体制已经到了不改不行的地步。“所以我认为，我们国家现在是到了管住预算的时候了。”（韦森，2020）

现代预算是全面规范透明、标准科学、约束有力的预算制度。习近平总书记在党的十九大报告中要求“加快建立现代财政制度”，同时指明了建立现代财政制度的方向：“建立权责清晰、财力协调、区域均衡的中央和地方财政关系。建立全面规范透明、标准科学、约束有力的预算制度，全面实施绩效管理。深化税收制度改革，健全地方税体系。”从某种程度上说，“全面规范透明”和“全面实施绩效管理”是现代预算制度的核心。现代预算制度就是要“建立全面规范透明、标准科学、约束有力的预算制度，全面实施绩效管理”，而“内容完整、编制科学、执行规范、监督有力、讲求绩效和公开透明是现代预算制度的基本要素”。建立现代公共治理的框架体系，是未来财税体制改革的一个重要突破口，其本质特征是政府与公众、社会对公共生活的合作管理、和谐融合的最佳状态，基本要素包括合法性、透明性、责任性、法治、回应、有效等，最终达到“善治”。一是基于政府与人民之间的契约。公共预算的产生基于社会契约，政府提供公共产品，社会公众为此支付报偿、负担税收。政府是为社会公众的福利服务的，而不是谋取自身利益，让人民为此买单。政府应对民众负责，避免不断滥发债务或随意开支，以致政府入不敷出。基于各种原因，如政府债务增加和合法性等问题，政府需要通过提高公共预算透明度来增加民众对政府政策的支持率。二是国家运用财政政策工具与市场兼容的重要经济手段。在体现国家意志过程中还可以起到引导企业和社会主体参与的作用，放大财政投入绩效。财政政策密切关注国家治理中不断出现的动态变化，在某个时间点理解现有的社会状态，依据手中尽可能多的现时信息预期未来的社会状态“坍缩”状态，制定应对措施。决策时间点上做出的判断可能无须怀疑合理性与恰当性，但随时间推移，面对复杂且时刻处于动态变化的风险社会，决策者需要思考每个阶段的财政政策是否仍能实现政策目标，政策目标恰当与否。这样通过经济手段来治理市场经济，既维护了市场的公平统一，又在体现国家治理意图时通过财税杠杆起到“四两拨千斤”的乘数效应和放大效应，对经济发展起到助推器、促进器的作用。三是现代预算的执行是社会多方不断融合演进的过程。化解社会公共风险，仅靠政府或某一方面的力量是不够的，必须发挥多元主体的积极性，这也是我们讨论“治理”常有的题中之意。人民通过透明的公共预算规则体现其权利成为现代化国家治理的一项重要规则。市场经济的发展，不同社会阶层、利益群体逐渐形成，经济社会主体日渐多元化并变成关系紧密的利益相关者，需要创新预算结构和制度来包容越来越复杂的利益关系、协调越来越多的各种利益冲突。社会只有存在多元利益才有活力。多元利益主体之间会产生复杂的利益博弈，要使这种多元的利益博弈不至于危害社会共同体的公共利益，就必须有一种能包容多元利益的治理结构，规范各自的责、权、利和行为。利益主体越是多元，社会就变得越是复杂，内生的不确定性和公共风险就会越大，就越有可能危害社会整体的发展。利益主体之间是相互竞争博弈的，这就需要找到一种有效的解决方式不至于让这个社会共同体在竞争博弈中崩溃。预算在调节各种关系中发挥着总舵手作用，可以将各种力量的作用发挥最大，从而形成应对不确定性和公共风险的治理结构。

零基预算可被视为一种最佳的预算模式。近 50 年来，零基预算编制技术已成为解决预算编制问题的一种潜在解决方案。零基预算没有像传统预算那样以上年的预算作为今年的预算，而是呼吁对每个项目进行审查，就好像它们是第一次放在一起供决策者审查一样。项目支出被要求从一开始就证明每一分资金都是合理的，而上年的支出不能作为明年分配的理由。零基预算理论要求全面建立和审查项目和活动，包括寻找替代方案，以实现主要目标。20 世纪 70 年代在美国起源时，零基预算旨在克服与联邦预算程序相关的某些管理问题，零基预算流程鼓励所有管理层参与分析从零开始产生的资金请求和优先排序。零基预算在美国尤其联邦层面的实施是不成功的，只在少数州得到了延续，但在以后对许多国家的预算改革产生了一定的影响。进入 20 世纪 90 年代后期，中国财政改革的重心开始转向支出管理和预算改革。为了建立起科学合理的公共预算体制，中国政府进行了部门预算、国库集中收付和政府采购改革。在部门预算改革中，零基预算被视为一种最佳的预算编制模式。实际上，从 1993 年开始，一些地方政府就已经开始进行零基预算的试验。从 2008 年开始，越来越多的公共组织和私营部门选择重回零基预算。面对经济衰退，公共组织和私营企业都开始转向“零基预算”。零基预算目前在美国、OECD 成员国都仍然有实践，且正在中国、菲律宾、阿拉伯联合酋长国和马来西亚等亚洲国家经历复苏，因为它们试图解决各国政府部门普遍存在的过度支出问题。多年来，无论在国内还是国外，无论是理论界还是实践部门，很多主流的观点都将零基预算视为一种最佳的预算模式。

零基预算也被视为一种极端的预算方法。零基预算的挑战之处就在于预算是个系统工程，牵一发而动全身，每一次“归零”都是一项庞大的任务，整个政府的任何零基预算努力都需要对成本和效应的全系统理解，这背后意味的是无数预算参与者严谨的态度和辛苦的付出。对许多公共组织，尤其是私营部门来说，从头开始重建公司预算的想法可能会变成噩梦。在最坏的情况下，从头开始将是最后的手段，在正常情况下永远不会考虑任何选择。然而，从 2008 年开始，到近几年的新冠肺炎疫情暴发，面对经济衰退和极大的不确定性，越来越多的组织选择了完全这样做，公共部门、上市公司和私营公司都开始转向一种极端的预算方法，即“零基预算”。

预算是极具专业性和综合性的领域，融入了政策制定者、管理者、公众、预算单位等诸多角色，涵盖了会计、审计等在内的诸多系统与工具，嵌入于复杂冗长的财政过程，并且被要求促进极端重要也极端困难的公共目的、目标与公共利益。这对具体的制度建构提出了极高要求，但切中要害才是成功的最佳保障。切中要害要求极具慧眼的改革议程，一如鉴宝者和收藏家。这并不容易，但不可放弃。

本书执笔团队反复讨论提出了写作的基本逻辑框架、主要观点与研究提纲，形成初稿之后，又多次讨论、数易其稿、反复打磨，最终总纂定稿。本书前言部分由林颖执笔，第一章由林颖执笔，第二章由林颖执笔，第三章由胡维娜和林颖执笔，第四章由林颖执笔，第五章由袁媛和胡维娜执笔，第六章由袁媛和林颖执笔，第七章由林颖执笔，第八章由林颖执笔，第九章由袁媛和胡维娜执笔。在本书的研究、撰写和出版的过程中，得到了中国财经出版传媒集团和中国财政经济出版社的大力支持，责任编辑卢关平为本书的出版付出了辛勤的劳动。在此一并深表谢意！

目　录

第一章

理想与现实：零基预算的基本理论

零基预算是一种科学的预算编制方法，是预算制度的创新，在理论体系上已经相当完善。但零基预算在理论上的发展与实践上的成就并不是同步的，国内外的实践表明，零基预算的早期改革实践不能算成功，尤其零基预算对于预算主体过于理性和理想化的要求，难以适应复杂的预算关系与实际。但近些年，零基预算在国内外政府与企业部门的应用依旧比较广泛，原因在于：零基预算从方法和理念上都非常契合现代预算理性化、责任化的需求；绩效评价、项目库管理等财政管理技术的成熟，也成为零基预算得以重新焕发生命力的前提条件；零基预算科学、灵活的特征契合风险社会的需要，风险社会所要求的预算能力反映政府对公共风险的平衡能力，即财政促进社会经济可持续发展的能力。当前，预算制度的发展与改革已进入深化攻坚阶段，理论上需要零基预算这种大刀阔斧式的刚性改革。

一、零基预算的概念内涵

（一）零基预算的思想起源

零基预算的思想源于凯伊（V. O. Key）在 1940 年提出的这一疑问——“在编制公共支出预算时，根据什么标准或方法来确定把一定数额的资金分配给部门 A，而不是分配给部门 B?”预算资源的稀缺性与支出需求的无限性之间的矛盾，决定了公共预算的本质是一个关于预算资源的选择与取舍的过程。要实现资源向公民权利领域的优化配置，需要预算在行动者之间、项目之间及受益人之间进行科学权衡与分配，以实现资源的有效配置。凯伊在“The Lack of Budgetary Theory”一文中提出：在编制公共支出预算时，根据什么标准或方法来确定把一定数额的资金分配给部门 A，而不是分配给部门 B？分配给部门 A 而不分配给部门 B 可能产生什么不一样的结果？他的结论是，预算并非“科学”或具有“逻辑”，公共预算是一个价值选择的问题。但尽管如此，凯伊仍然希望建立政府预算的规范性理论，将预算理性化。

1952 年，美国人维恩 · 刘易斯在他的一篇文章《预算编制理论新解》中提出了一个预算编制中的新论点，他认为只有通过“非传统的编制方法”才能解决这一问题。这种“非传统的编制方法”就是后来形成的零基预算编制法。然后，他又提出了一个可以解决这个问题的办法，建议各机构在预算中提出相当于基数预算的 80%、90%、100%、120% 的几个可供选择的预算，以确定各种不同预算分配的边际好处。刘易斯虽没有给这一方法命名，但其内涵和主要内容与之后的零基预算方法大致一样。1964 年美国联邦农业部提出在编制预算时要用一种新的概念，要实行一种综合性的预算编制方法，对全部计划都重新进行审核，而不仅仅是审核在预算年度有所变化的部分。1969 年美国联邦储备局主席最早在公开场合提出“零基预算”这一术语，认为零基预算将是控制政府支出的重要改革，每一个政府机构每一年都应对全部拨款重新进行审核。

1970 年、1976 年彼得 · 派尔先后发表《零基预算编制法》《运用零基法做政府预算》①等论文提出，零基法要求每个机构系统评估和检查所有的项目和活动（已经做的和新开始的），包括制定目标、评估项目、做出运筹决定以及编制预算等工作。

（二）零基预算的定义

零基预算的创始人彼得 · 派尔（1970）对零基预算的描述是，“得州

---

① Peter A. Pybrr. Zero – Base Approach to Government Budgeting [J]. *Public Administration*, 1977 (37): 1 – 8.

仪器公司不是不断地修改现有的预算，而是从零基数开始，重新审视所有的活动和优先事项，为即将到来的预算年度创造一套新的、更好的拨款。”这是通过对组织内支持组织目标的所有流程和活动的严格分解和分析来实现的。重点是对大多数组织自然存在的预算做限制，以及使这些组织的资源以最有效的方式做安排和分配。从质疑组织内每一项活动的合法性中尽可能地获取和提供信息，是为了使管理人员更清楚地了解在分配有限的资源时应优先考虑的地方和优先事项。这确保了组织有限的资金从很少创造价值的项目转移到承诺更大利益的项目中。

美国前总统卡特认为“零基预算”是一个旨在实现效率和有效性的管理过程。零基预算（zero - base budgeting，ZBB），意味着不受以往预算安排影响，一切从实际需要出发编制预算。正如名字所暗示的，零基预算宣告往事如烟、从“零”开始，对所有部门的预算逐笔重新进行评价审查，根据项目的重要性来确定预算安排的优先性，并只重当下、不顾既往。

我国财政部预算司（1997）[①] 提出，零基预算是指在编制年度预算时，一切从零开始，每个部门的负责人对新的预算年度中想做的所有事情进行审核，而不仅仅是修改上年预算或检验新增部分。

德勤咨询有限责任公司（2016）认为，零基预算是一个基于项目效率和必要性而不是预算历史来分配资金的预算过程。在零基预算中，预算人员在每个预算周期开始时审查每个项目和支出，并必须证明每个项目的合理性，以获得资金。由于零基预算需要在效率、有效性和组织优先级方面对每个支出提案进行谨慎的论证，这就节省了不必要的成本，并与当前的商业战略保持一致（迪尔史密斯和贾布伦斯基，1979）。通过对零基础预算的挑剔的使用，它可以提供一种实现组织价值创造的手段，同时消除不必要的支出和优先考虑战略需求。

马俊（2005）认为，从理论上讲，零基预算是一个由下到上对支出进行逐级排序并层层合并排序的过程。牛美丽（2010）[②] 认为，零基预算是一种决策理性的回归。马俊（2005）认为零基预算是一种改变传统预

① 财政部．零基预算［M］．北京：经济科学出版社，1997.

② 牛美丽．中国地方政府的零基预算改革：理性与现实的冲突和选择［M］．北京：中央编译出版社，2010.

算过程的规划和决策方法。吕青等（2016）认为，零基预算是在预算编制环节的一种预算编制“新”方法，从字面来理解，就是一切预算支出归零开始，从现实经济业务情况出发，注重现在，注重新的发展方向，在编制预算的过程当中逐步剔除过往的非合理与非必要的支出而不必考虑过往账管时期所发生的用度名目、数额，逐步通过审议编算过程，使得支出对象要与当前资金使用需要相符，提升资金的使用效率，它的出现就是在改革过程中要逐步成为增量预算的替代方法，注重预算编制对预算执行、预算平衡、预算监督和预算效果的影响。

杨斌（2021）① 提出零基预算是预算单位以预算期（通常是一年）实际资金需要为基础，而不是简单地以上一个预算期的基数为主要依据编制预算，形象比喻一切从“零”开始，对申请的决策案经过目标任务分析、替代方案考察、成本效益比较、优先性排序等过程，选择在财力约束下最契合战略和政策目标的决策案，汇总形成预算。

劳斯（Lauth，2014）② 通过对美国乔治亚州预算改革的研究，提出了新零基预算（new zero - base budgeting）的概念，即通过回顾以前年度的预算，使用绩效评估技术，以期找出本期预算中重复、浪费和需要淘汰的部分，从而减少政府开支。

总而言之，零基预算是一种关于国家治理目标、活动范围以及资源运用等先后顺序安排的一种思维方式；是指不受以往预算安排影响，一切从实际需要出发，逐项审核预算年度内各项费用内容及其开支标准，基于自身的财力和目标的轻重缓急原则，在综合平衡优化排序的基础上编制预算的一种方法。从字面理解的零基预算，是以零为基数编制的预算，是控制、削减预算支出的一种工具。从实践来看，零基预算从现实经济业务情况出发，注重现在，注重新的发展方向，在编制预算的过程当中逐步剔除过往的非合理与非必要的支出，而不必考虑过往账管时期所发生的用度名目、数额，注意力主要集中于评估项目的效率与效益，评估努力的不同水平，是一个注重实效的预算编制好方法，也是一个非常灵活的预算编制工具。比较困难和需要注意的是零基法需要遵循一个完整的、经过认真制定

---

① 杨斌．论借鉴零基预算理念应遵循的原则及其路径和方法［J］．财政研究，2021（03）：17 - 27.

② Lauth，T. P. Zero - Base Budgeting Redux in Georgia：Efficiency or Ideology?［J］．*Public Budgeting & Finance*，2014，34（Spring）：1 - 17.

的预算过程计划。

二、零基预算核心理念

（一）战略指引预算理念

零基预算要求预算过程要以战略优先顺序为指导。在零基预算编制过程中，如何判断哪些项目属于优先，哪些项目属于一般或需要削减，不是简单地看基数即看过去的工作，而是要结合政府或部门提供公共服务的战略目标和政策目的。传统基数预算的问题就是没有随着政府战略目标的变化进行相应的财力配置，容易导致财政资金安排和使用无法契合政府战略意图，降低财政资金使用效果。零基预算可以克服这一问题。零基预算编制过程会迫使有关人员深入思考经济社会发展和公共产品提供的战略重点，认真分析各项财政活动的资金需求、成果与要达到目标（包括短期和长期目标）的关联度，研究每项财政开支对达到政府或部门目标的作用和影响，保证财政活动、财力分配对准战略目标、围绕战略目标，以确保每一分钱都能服务于战略，从而让资金发挥更大、更有效作用，达到事半功倍的战略效果，形成促进社会经济进步的合力。

（二）全面评估审查理念

对支出内容的定期评估和重新排序是零基预算实现支出结构优化目标的核心策略，也是其影响深远的主要理念。全面评估审查理念不止要求评估所有预算项目，而且要求预算案提供决策所需的全面信息。这些全面信息包括决策单位的目标、对部门或项目所进行活动的描述、各种定义和统计数据、所需人力和费用的来源、成本和效益分析、从事决策单位的活动的不同方法、拨付不同数额资金的不同后果等。支出审查将零基预算所倡导的支出优先性这一核心策略与现实执行进行了较好的融合，从而能够有效地协助政府将有限的资源重新分配给社会效益大和公共风险较为集中的项目。

（三）优先性排序选择理念

从本质上讲，零基预算是一种关于组织机构的目标、活动范围以及资源运用等先后顺序安排的一种思维方式。优先性排序选择理念要求以战略优先顺序为指导，通过确定轻重缓急原则，将重点着眼于“需要优先”，根据资源（财力）可能，进行排序筛选来安排预算。“关键性的优先顺序”包括了战略结果领域和优先顺序、宏观目标、指导公共部门政策、关键性的政府绩效目标等。通过将战略优先顺序详细分解到各级各部门的预算安排中去，这一过程也能够使职能集中化、辨别和去掉重复职能。

（四）风险控制理念

零基预算以其独有的理念基础优势、组织程序优势和技术方法优势，同时能够从宏观和全局来分析问题，能够及时识别系统性风险、揭示重要的风险领域，能够灵活应对内外环境的变化，按照风险防控的目标和需求做出预算反馈，及时调整财政收支，进而为防范化解整体性系统性风险、维护国家安全和经济可持续发展提供科学的决策参考（见图1-1）。

图1-1 零基预算：基于零基础的预算编制方法

三、零基预算的基本步骤和关键节点

（一）零基预算的基本步骤

零基预算要求决策者无视上一年的预算，从头开始即将一年的计划戴森（Dyson，2017）。因此，管理人员需要重新评估每一个预算项目，并决定哪一个项目值得资助或削减。彼得·派尔（1977）最早的理论中使用决策包作为管理人员可以识别和描述的活动类型，管理人员需要根据这些活动的功能或操作需求，对这些活动进行评估和排序谢尔比（Shelby，2013）。彼得·派尔（1977）确定了构成零基预算过程的五个基本步骤，它们是：

1. 识别和定义基本的“决策单位”（decision unit），确定决策单位的目标与任务

决策单位也称“基本预算单位”，是指管理部门所计划、分析、评论的一项基本活动或一组活动、基本建设项目、专项工作任务或是主要项目等。决策单位是预算的基础，它可以是一个支出项目、一个机构的次级单位，或者某个准备了单独预算的机构的计划。零基预算要求将组织分解为若干个决策单位，主要通过考虑机构规模的大小、机构活动的范围和会计数据的可得性等因素，确定管理机构中互不关联的活动来决定。

2. 对决策单位进行分析，并为各个决策单位建立支出项目的一揽子“决策包”（decision package of programs）

一揽子决策是围绕决策单位对逐次提高的努力水平所做的分析报告。主要过程包括：选择完成本部门任务或从事工作的最好方案；按照选定的执行方法，确认包括最低努力水平（低于最低努力水平这项工作本身将失去执行下去的意义）在内的至少三个努力水平，进行分析并预测不同的结果。对于决策单位的分析主要包括重新审查决策单位的目的、活动和运行。这个过程一般涉及这样一些问题：如果将这个决策单位完全取消，会出现什么样的后果？如何以最有成本效率的方式来实现决策单位的目的？如何才能提高决策单位运行的效率？在此基础上，决策单位的管理者将决策单位的活动分解成一系列的决策包，对其活动及目标进行描述，并分析达成这些目标的不同方式和实现目标的不同水平的活动。可以说，一个决策包就是一项简单的预算，它包括短期目标和重大目标（明确表达，

尽量但不是必须将目标量化）、资源需求（该预算年度和未来 4 年的资源需求）、资金水平和预算增量、绩效测量（每个决策描述特定水平的资金和人员的产出和结果）。具体地说，决策单位的管理者可以在四种不同资助水平的基础上准备决策包：（1）最低水平，即在该水平之下项目或活动就可以终止；（2）维持水平，即在没有大的政策变动的情况下继续供给现有的服务；（3）中间水平，即介于最低水平和维持水平之间的资助水平；（4）扩充水平，即要求增加资金来扩大产出和服务。

3. 决策单位的管理者对决策包进行排序

将优先性选择嵌入预算编制全过程。在预算编制全过程嵌入优先性选择是借鉴零基预算理念的最核心事项。萨拉特（Sarant，1978）提出了关于决策包的四个排名规则：（1）排名规则一：一个决策单元的最小级别的排名总是高于同一单元的任何增量。最低水平表示项目或活动不能充分和有效地执行的水平。（2）排名规则二：给定决策单元的最低级别包不需要排名高于其他决策单元的任何其他决策包。一旦对下级包进行审查和排序，合并过程就最终完成，不需要调整。（3）排名规则三：机构负责人应决定在提交到下一个更高的审查级别之前，应合并成较少数量的决策包。（4）排名规则四：在所有情况下，都应编制一个最低级别的综合决策包。该包可以包括或不包括来自被合并的决策包集的每个最低级别包的信息。杨斌（2021）提出优先性选择有如下几个路径：一是以政府战略目标和政策目的为导向制定优选顺序。二是按实现单位目标必需的业务功能确定优先性。三是以绩效为导向确定优先性根据优先程度对决策包进行排序，第一个决策包包括那些最值得优先安排的活动，第二个决策包包括那些次级优先的活动，等等。

4. 将排序进行合并

决策单位的管理者对决策包排序之后，部门管理者、预算机构和政府行政首脑也要对决策包进行逐级排序。其中在最高一层，政府行政首脑在预算机构的帮助下将各个部门的排序合并成为政府的总体排序。这是零基预算编制过程中最终决定预算方案的重要一步。可以根据一揽子决策的总数和决策时间等实际情况，集中精力审议预算部门提供的能够说明各机构获得不同数额的资金可能产生影响的总结性分析，以及政策性问题、对现有结合进行重大调整、新计划项目和资本性开支以及一些可能存在问题的具体的一揽子决策和排序表①。

5. 按优先顺序配置资金

当所有的项目都按优先顺序排列之后，决策者就开始给排列在最优先位置的项目分配资金，直到当年可供分配的资金分配完为止。

（二）零基预算的关键节点

合理确定决策单位。零基预算的一个重要特征是从以部门为预算管理核心单元转向为以支出项目为预算管理单元。决策单位是零基预算法中进行预算决策的基础。决策单位不能过小也不能过大，要有效确定机构中每个互不关联的活动，可能与传统预算单位相似，尤其是那些具有明确的预算单位或设立了成本核算中心的机构；但通常情况下，一个预算单位内会确认不同的职能和执行情况而分为几个决策单位。

确定决策的目标和主题。最高级别管理部门向较低级别的管理人员提供政策指导原则，并帮助其制定目标；较低级别的管理人员主要考虑达到目标的各种选择办法和不同的资金供应水平对达成目标、完成任务的影响；管理者应自行分析确定各自负责机构一揽子决策的主题（主题通常有：人员，项目或计划，得到的服务或提供的服务，支出的分类，降低成本和资本性开支），以为最终的排序选择确定决策的重点。

确认最低努力水平。零基预算法集中精力对一揽子决策进行排序的做法需要的基本前提是所有的活动各档次的努力水平都已被详细地分析过。而确定各档次努力水平要以确认最低努力水平为基础。最低努力水平可以反映公共服务最基本的人口、提供服务的基本数量以及为完成基本项目目标的工作改进、机构变化、效率提高或成本费用的减少等。确定最低努力水平是确定不同努力水平的基础，目的在于说明最高决策人员为每一个服务水平提供资金所能得到的不同结果，如何预测这些不同的工作水平所产生的不同结果可能是零基预算分析中最困难的一项工作②。

确定评估衡量标准。零基预算法比其他预算方法更为依靠评估衡量标准来表明分析结果，这是零基预算法编制过程不可分割的组成部分。尽管

---

① Mueller, Keith J. Zero - Base Budgeting in Local Government. University Press of America, 1981.

② Hill, C. E., Sharp, T. Zero - Base Budgeting: A Practical Application. Governmental Finance, 1983, 12 (1): 13 - 18.

评估衡量标准是一种相对精确的估计，通过观察评估衡量标准如何变化，能为最高决策人员提供一种实际也许不是那么先进的成本/收益分析。

确定排序与决策方法。使用零基预算法后，对各项活动的资金分配是通过确定每张一揽子决策排序表上的经费开支削减水平来确定的。对一揽子决策进行排序可以由一个人负责这项工作，或由一个委员会进行这项工作。可以按重要程度排序使每一个一揽子决策通过具体分类的办法来做；可以确定每个一揽子决策的衡量标准，通过投票表决产生汇总的排序表。零基预算法还建议，可以利用“削减”经费开支水平法进行排序，以减少逐级上报后的决策数量。各级机构提出削减经费开支水平的建议，最低级决策单位需要把所有一揽子决策排列出来；上一级别汇总下级单位一揽子决策，并重点审议并列出所有削减支出后不采用的一揽子决策并排序(见表 1 - 1)①。

表 1 - 1　“削减”经费开支水平法进行排序的过程

最低一级决策单位	汇总下一级单位一揽子决策		汇总下一级单位一揽子决策		汇总下一级单位一揽子决策	
	严格审议		严格审议		严格审议	
所有一揽子决策均排列出来	列出削减40%支出后可以采用的一揽子决策	审议所有削减开支后不采用的一揽子决策并排序	列出削减30%支出后可以采用的一揽子决策	审议所有削减开支后不采用的一揽子决策并排序	列出削减20%支出后可以采用的一揽子决策	审议所有削减开支后不采用的一揽子决策并排序

四、零基预算与传统增量预算的比较

“零基预算”与“基数预算”是两个相对的预算编制概念，核心的差异是对“基数”的不同假定和参考方式以及由此形成的不同理念、方法和预算程序。预算“基数”由历史经济活动形成，但不是单纯的历史支出数据，更代表既有的分配渠道、结构和利益格局。

① Hammond, T. H., and Knott, J. H. A Zero - Based Look at Zero - Base Budgeting: Why Its Failures in State Government Are Being Duplicated in Washington. New Brunswick, NJ: Transaction Books, 1980.

传统的“基数预算”，也称“增量预算”，一般以上年财政支出为基数，适当考虑一定增长比例分配资金。以现有业务活动和各项活动的开支水平确定预算期各项活动的预算数。因为预算事项前后的连贯性强，基数法有其一定的合理性，“基数预算”的基本假定是：①现有业务活动是合理的，不需要进行调整；上年的每个支出项目均为必要，而且都是实现组织目标和任务所必不可少的。②上年的每个支出项目在下一年度中仍有继续进行的必要，且均较别的新计划或新方案更为必要。现有各项业务的开支水平是合理的，在预算期予以保持。③上年的每个支出项目均系以成本—效益最大的方式实施的。上年的每个支出项目在下一年将仍然需要，充其量只需对其中的人工成本和原材料成本做某些调整。传统的预算编制方法可归纳为三个步骤：①以外推法将过去的支出趋势（或上年支出额）延伸至下一年度。②将数额酌情予以增加，以适应工资提高和物价上涨引起的人工成本和原材料成本的提高。③将数额再予提高，以满足修改原计划和修改原设计方案所需追加的预算支出，通常这方面达到原预算的30%或更多。按照这样的步骤、这样的假设所编制的预算必然会出现前述的危险倾向以及如下的结果：①每届预算年度开始，各单位以上年实际支出为基础，再增列一笔金额，巧妙装饰后，作为新计划提交最高领导层审批。②主持预算审批的领导，明知预算中的“水分”，但因不能透彻了解情况，只得不分良莠，一律砍掉30%（或更多），随后开始一轮争吵过程。③经过一段时间后，预算编制完成。几乎所有的申请单位都意见纷纷，大家都感到这套办法必须改革，但年复一年，仍不见有多少起色。④这种不分青红皂白“砍一刀”的做法，使有经验的财务人员有意把预算造得大大超过实际需要，以便“砍一刀”后还能满足需要，而对那些老老实实造预算者来说则叫苦不迭。好在吃一堑，长一智，明年再造预算时就学乖了。结果，不啻是在鼓励下级欺骗上级。不动存量、只分增量的模式在经济高速增长时期有一定合理性，但也容易导致部门利益固化、支出结构僵化，从而造成在经济下行时期支出刚性增长，预算平衡“压力山大”[①]。

零基预算的基本假定是：①“基数”代表的既有分配渠道、结构和

---

① 杨诗炜，邓彦，吴迪，刘贻新．零基预算研究热点及前沿分析——基于可视化计量视角［J］．会计之友，2019（20）：9－14.

利益格局，都需要逐笔重新进行评价审查；②站在新预算年度的起点上，以预算可能性和国家治理的整体需求为自己的预算边界，然后在这个框架内使各方面的发展都能够得到兼顾；③根据项目的重要性来确定预算安排的优先性。零基预算从其理念特性上来说，①可避免历史期预算活动中的不合理因素影响；②能够灵活应对内外环境的变化；③预算编制更贴近预算期经济活动需要；④为政府决策者了解预算项目提供了更多和更高质量的信息，有助于增加预算编制透明度，有利于进行预算控制。缺点是预算编制工作量较大、成本较高；对预算主体和制度基础要求高，对预算沟通的要求也高；预算编制的准确性受管理水平和相关数据标准准确性影响较大。

零基预算编制要求一个组织的所有活动都要经过定期审查。这是一种解决传统预算渐进主义问题的尝试，它依赖于最后一个时期的预算作为形成任何未来预算的起点。该系统建议，预算制定者必须依靠上年的预算作为制定明年预算的基础。虽然渐进主义以前一年的预算为起点简化了预算过程，但这种简化预算过程所节省的时间并不能弥补渐进预算制度特有的浪费性支出的继续，特别是在经济不确定时期。另外，零基预算采取了一种彻底的方法，通过每年重新审视所有项目和活动和提议的未来活动的优点和合理性，然后相应地做出正确的增加或删除活动。因此，使用以零为基础的预算被认为是增量预算方法的优越替代方案，许多人认为这种方法改进了浪费性支出，因为预算的任何一部分在某一特定期间内不支出的，在下一预算期间内会减少。在这方面，基于零的预算被视为一种更详细的替代方案（见图 1 - 2）。

五、零基预算的优缺点

（一）零基预算的优点

由于零基预算的目的是纠正增量预算的预算不足问题，加强了预算部门对项目的知情和决策权，提供了将财政资源分配给创造最大价值的项目的手段。在这方面，零基预算的好处是值得关注的，其中包括：

功能优先排序后的有目的性支出，这有助于消除非必要的组织活动支出，识别重复的活动，并集中这些活动以实现有效的运作（米尔和赫曼森等，1976；罗斯，2018）。业务战略调整后的识别和消除冗余活动（德

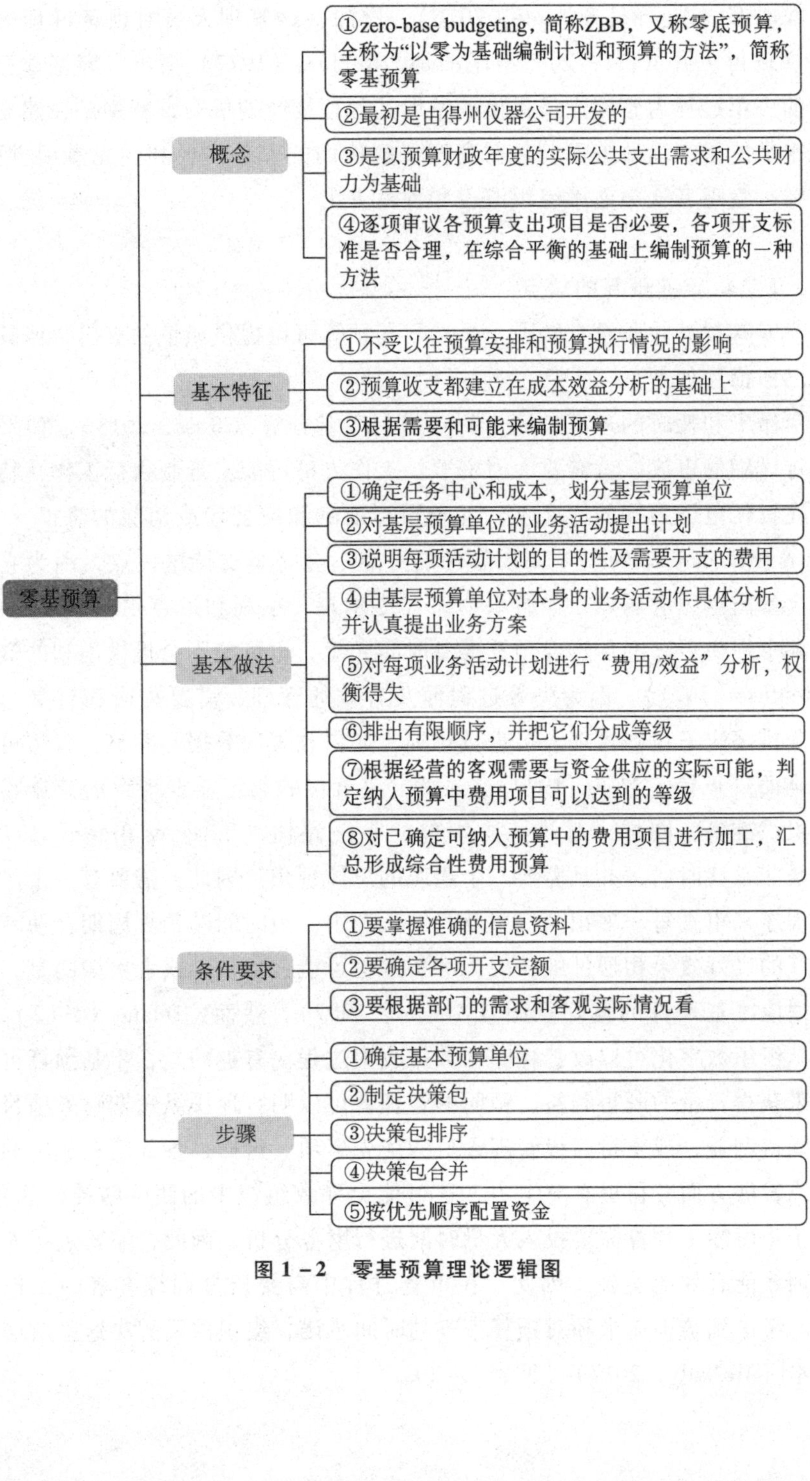

图 1－2　零基预算理论逻辑图

勤，2015），由于避免自动预算增加而可持续节省成本，确保问责制和所有权心态（Aggrwal & Amte，2016），增加一线管理人员对预算过程的参与（彼得·派尔，1977）；有趣的是，Rehfuss（1977）指出，零基预算编制的决策过程为管理人员提供了发展其管理技能的机会，特别是在建立最低水平的组织绩效方面，并在高度了解他们的业务需要和优先事项方面。这样，管理者就更熟悉组织流程和预算支出。

（二）零基预算的缺点

零基预算并非没有缺点。虽然零基预算可以提供谨慎的支出，但其缺点已被描述如下：

昂贵和耗时的过程，因为每年进行零基预算（Ross，2018），如果要进行详细的审议，就需要人力资源。工作人员可能会抵制执行工作，特别是在责任范围为零的情况下，基于预算削减和被替代或消除的恐惧（Atrill & McLaney，2015）。高层管理层可能不会完全支持这一点，因为它可能会暴露组织的弱点，如组织萎缩（皮尔森，亨利和迈克尔，1981）。如果要求提供更高的预算或预算准备时间太短，也可能不会提供不利的资料（Rehfuss，1977）。因为决策过程涉及有效的管理，需要沟通和对参与识别和排序决策包的管理人员进行培训，如果收集的数据不完整，分析可能不全面（彼得·派尔，1977）。显然，决策包的制定需要细致的数据收集和组织准备。同样，对这些决策包的系统评估（Suver & Brown，1977）也是非常耗时的，并且需要一个组织的总体视角。因此，需要有一个严格的程序来审查每一项预算提案及其纳入理由。短时间的预算周期会使零基预算的良好效果相形见绌，因为准备过程可能会加快，或者更糟的是，无法适应零基预算的良好意图（Ahmad，2007）。然而，Duane（1982）认为，组织数字化可以改善耗时的数据收集过程。有趣的是，零基预算可以用来获得资金的既得利益，精明的管理者可以明智地操纵短期财务项目中的既得利益，或支持高级管理人员的优先事项。这样，各部门在部门的生存或发展方面变得更有竞争力，这可能会导致组织中的团队精神的恶化。由于年度零基预算需要投入大量时间进行财务分析，因此，需要进行人员培训才能有效地实施。因此，在审查过程中需要招募训练有素的工作人员。考虑到培训需求和对预算审查的时间承诺，组织需要解决这些新增的成本（McNally，2017）（见表1-2）。

表 1－2　　零基预算在不同类型组织的优缺点

公共部门	私营部门
优点	
• 通过鼓励主动的资源分配而不是自动的预算增加来支持成本降低 • 通过迫使政府机构共同努力，积极地优先考虑项目来提高组织效率 • 通过迫使成本中心确定其任务和优先事项，改善资源分配与战略目标的一致性 • 通过感知到提高其组织内部和公众内部的透明度和问责制来提高公众的看法	• 通过鼓励主动的资源分配而不是自动的预算增加来支持成本降低 • 通过挑战每个层面的假设来提高运营效率，特别是对于过于复杂的组织（例如，由于合并或收购） • 通过确定部门或项目级别的优先级，支持实施积极的节约战略
缺点	
• 零基预算过程成本昂贵、复杂和耗时 • 对于资金有限的公共部门组织来说，实施零基预算可能是一个重大挑战，当潜在成本高且潜在节约不确定时，也可能构成重大风险 • 政府机构可能面临在预算周期内完成零基预算的能力和在内部推动流程的人员方面的极端限制 • 对于有无形产出的部门来说，优先级化过程可能会有问题	• 零基预算过程成本昂贵、复杂和耗时 • 当潜在成本高且潜在节约不确定时，实施零基预算对企业来说可能是一种风险 • 采用零基预算可能会对市场上的公司文化和品牌产生意想不到的影响

第二章

比较与融入：与零基预算有关的几个预算理论

预算制度的建立，使政府征收和使用财政资源的方式发生了根本性的转变。预算管理也成为了财政管理的核心职能，在国家治理中发挥越来越重要的作用。零基预算的兴起和发展是预算模式创新，尤其是理性预算改革浪潮的一大成果。这其中制度创新并非单纯地以新制度取代旧制度，在零基预算中就综合了绩效预算的准则和项目预算的技术，部分国家和部门的实践还融入了中期预算的平衡理念。

一、理性预算与零基预算

（一）近代预算制度的改革与演进

近代预算制度的改革与演进，在于寻求一个使得预算资源最有效率的理想制度，几乎每隔一二十年就会产生新的制度结构。起初占据主导地位的是渐进主义的基数加增长制度，但随着国家经受严重财政困难，人们对传统预算管理模式的不满加剧，于是出现了形形色色的预算制度改革模式。

19 世纪英国和 20 世纪美国是近代公共预算制度的滥觞之地，制度产生初衷在于控制政府的财政资金并对人民负责，其后随着政治、经济以及社会环境的变迁，整个改革进程中的民主化与理性化程度逐渐加深，形成了三个发展阶段。

1. 注重预算控制阶段

此阶段的预算以年度性与渐进性为原则进行编制，并以分项列支的形式表现出来，故而预算是“稳定可预测的”。预算管理的主要任务是建立一套有效的监督控制体制，通过建立各种预算控制约束政治家、政府官员以及每个公共管理者的活动，确保所有的财政资源都用于公共目的，同时减少各种浪费。19 世纪以来形成的年度性、全面性、一致性、约束性等经典预算管理原则，以及相应设计的预算管理流程和规则，鲜明地反映了这种监督控制取向，更加强调预算管理的“合规”。年度性原则意味着政府每年都要到议会去争取政治支持，从而为议会监督政府预算创造了条件。在政府内部，年度性原则意味着各个支出机构每年都必须接受财政部门的审查，从而加强了政府内部的预算控制。但是，如果政府和各个机构拥有独立的不受议会或财政部门监督的预算外资金，议会和财政部门的监督控制就会形同虚设。所以，全面性原则要求所有的政府收支都必须放进预算内，受预算过程约束。同样地，一致性原则也是以预算控制为目的。因为，如果预算体系内某些收入或支出获得了特殊待遇，即使它们已经被放进预算内，对它们的预算控制也会弱化。最后，约束性原则要求预算一经批准，应形成严格的约束，它的主要目的是增加预算承诺的可靠性，约束政府或支出机构的机会主义行为。约束性原则通常是通过在预算执行中由财政部门对各个支出机构的支出活动进行事前事中控制来实现的。以美国为例，一方面，议会控制着征税权，预算部门只有得到议会审议批准才能动用财政资源；另一方面，通过 1921 年的《预算和会计法案》赋予总统在“预算编制中的正式角色”，并加强了对财政支出的控制。国家通过“预算增长”汲取财政收入，并在立法与行政的互动博弈中形成了基本的预算约束能力。然而，此时的国家预算是一个以基数增长为导向的自下而上的微观预算活动，更多适用于持续增长的经济环境，如果经济增速放缓则极易出现财政危机。

2. 强调理性预算阶段

从 20 世纪中叶开始，许多国家越来越多地运用财政政策调节宏观经济并且开展福利国家的建设，政府支出和赤字规模不断扩大，带来了越来越沉重的债务负担，并威胁经济稳定增长。因此，各国意识到需要通过预算管理合理控制财政支出总额增长，在实现短期宏观财政政策刺激目标和维持财政可持续性之间取得平衡。同时，在实现财政资源用于公共目的这一基本目标的基础上，为了应对财政危机以及社会公众对于削减政府支出和改善公共服务的社会压力，各国都在不断地改革预算制度，创新预算管理模式，改进财政资源的配置效率。

自20世纪50年代开始，西方国家开始探索各种新的“理性预算模式”，预算的关注重点从投入控制转移到管理效率。预算管理在依法合规的基础上，开始重视讲求绩效，希望在预算投入与产出或结果之间建立紧密的联系，要求科学、有效率地配置有限的财政资源，并且要求经批准的预算得到有效而经济地执行。这一时期出现了许多新的预算管理模式，包括绩效预算、计划项目预算、零基预算、新绩效预算等，结果导向的预算模式越来越成熟。

此阶段的显著特征是用科学理性预算分析来决定预算资源的配置问题，以排除政治因素的干扰，由此在美国出现了以预算产出为重点的绩效预算、运用战略计划引导预算资金配置的计划项目预算以及取消预算基数对资金配置的影响而基于预算项目的优先性配置预算资源的零基预算等模式。如为确保将有限的预算资源配置到最迫切或最有效的公共领域，加拿大联邦政府于20世纪90年代中期启动了“项目审查改革”，联邦政府依据预算案是否服务于公共利益、政府参与的必要性与适当性以及在支付能力内能否提高支出效率等标准，对除重大法定项目之外的联邦部门的财政支出进行全面的综合审查，并最终通过重新设计方案或整合原方案，甚至将项目转移给地方政府或者使项目民营化来提高财政效率。同时期，英国政府亦在1998年引入“全面支出审查”制度，采取一个多年期的全面支出审查计划取代渐进性预算制度，以重新优化分配预算资源、消除不必要财政开支来提高公共服务质量。随着各国不断地总结这些预算改革的经验与教训，预算管理在改善公共治理、促进国家政策规划与实施、支持宏观经济调控中的功能和作用越来越受到重视，预算管理也进入了一个新的发展阶段。

3. 强化预算运作阶段

此时期的预算重点虽然继续关注预算总额的控制与预算资源的配置，但在加强预算控制之时还以功能效果为导向赋予预算执行部门更多的自由空间，并通过契约的方式明晰各预算参与主体的权利义务关系。如为提升预算资源运作效率，新西兰《公共财政法案》赋予支出部门非经议会的批准而享有部分重新分配资源的权利。澳大利亚预算绩效管理赋予部门预算管理自主权，可以灵活地选择实现绩效目标的途径和方法，进而实现政策与管理的有机融合。而瑞典预算部门管理者还享有整体拨款权利、资金结转权利以及人事薪酬制定方面的权利，可以在整体拨款额度内自主决策如何分配财政资金以及以何种方式实现产出目标，并可自行确定工作人员的薪酬。简言之，西方预算法的现代化实际上经历了从初级的预算控制到中级的资源配置再到高级的预算效率最优化的发展过程，也即一个由规范治理到有效治理的转变过程。

（二）理性预算与零基预算的兴起

为了控制支出和将预算理性引入预算过程，从 20 世纪 30 年代开始，以美国为首的西方国家进行了一次又一次的理性预算改革。零基预算就是这些理性预算改革中的一种，它对传统预算模式形成了巨大的挑战。

理性预算与基数增长的预算不同，是一种规范化的、可以用数字精确描述的预算管理方法，在实践中主要有以下形式：20 世纪 20 年代的项目预算、40 年代的功能预算、50 年代的“绩效预算”、60 年代的“规划计划预算”等。70 年代美国尼克松总统执政期间实行目标管理，到卡特时代的“零基预算”。在 20 世纪八九十年代，不再有大规模的预算改革，小规模的制度调整成为经常性的。如里根和老布什政府的全面质量管理、克林顿政府时期的《政府绩效与结果法案》。总的来说，无论哪一种预算制度，事实上都有其合理和可取之处。

由于早期的政府预算内容比较单一，预算编制采用十分简单的“职能预算编制法”。随着社会生产力的巨大发展，政府预算所包含的内容逐渐增多，为满足这一需要，逐步形成了一套比较完整的预算程序，其中包括现代的预算编制方法，如“计划和绩效预算编制法”（绩效预算）、“项目预算编制法”（项目预算）等等，目前世界相当多的国家使用“零基预算编制法（以下简称零基预算法）”。

上述国际通行的预算编制方法（绩效预算、项目预算等），均用于改进政府预算规划和评估的功能。绩效预算（performance budget）是一种强调工作项目和活动业绩计量的预算编制方法。通过编制绩效预算，可以对投入成本和产生效益进行比较。项目预算（program budget）是依据实施项目或执行的功能的总成本来组织提议的支出预算。而零基预算，是不考虑过去预算项目和收支水平，以零为基点编制的预算。零基预算主要是作为计划工具，而不是控制或评估的工具。因此，作为编制具有法律效力的国家年度财政收支计划，即国家预算的预算编制方法来说，零基预算法具有明显的优越性。

由此可以看出，预算编制方法是处于经常的变革和发展之中。如果认真分析每一种预算编制方法，就可以发现，在新的预算编制方法中，往往可以看到旧的影子。即每一次变革对原有的预算编制方法并不是全盘抛弃。政府进行预算制度创新，总的来说都是希望能具体衡量各项预算的投入产出，通过成本与效益间的比较，建立起以绩效为基础的预算制度，使政府预算在传统的控制功能之外，能够增进其管理与规划的功能。零基预算有利于对整个组织进行全面审核，克服机构臃肿，避免组织内部各种随意性的支出；可以提高主管人员计划、预算、控制与决策的水平；有利于把组织的长远目标和当前目标以及实现的效益三者有机地结合起来。

（三）理性预算改革的两个趋势

理性预算改革有两个指向，一是指向限制权力的过度行政裁量；二是指向引导合意的绩效结果。纳税人缴纳的“一揽子”税款，应尽可能有效地转化为“一揽子”合意的公共产品，预算机制是公众表达意见制度化和公共决策需求的表达机制。前者重点关注预算过程与文件的责任与竞争机制设计，后者重点关注形成预算—政策间的直接联结、支出整合和技术健全性。两类议程高度互补而非相互冲突。

1. 趋势一：指向限制权力和行政裁量空间

民主治理背景下，预算的首要作用就是界定、约束和引导政府对纳税人的受托责任；“责任重于泰山”要求把强化和改进受托责任作为公共预算改革最核心的命题——没有比它更“高级”的命题了。然而，责任缺失恰好也是现行预算制度的首要短板，特别明显的是缺失基本的可问责性。可问责性的预算制度至少满足以下条件，即公众能够看清：谁制定和执政预算政策——比如“谁负责污水处理项目”，谁就何事对谁承担怎样的责任，界定失责的具体标准，失责将会承受怎样的后果和惩罚，谁界定失责和谁实施惩罚，失责造成的损失、影响与后果将如何救济与校正。以上责任既应植入预算过程的各阶段——从准备到审批再到执行、最后到评估与审计阶段，亦应在预算文件（包括预算执行与决算文件）中清晰陈述。如此，预算文件才能成为真正意义上的受托责任文件。如果预算文件充斥其中的是“钱”（收入、支出、债务、赤字），而未清晰表明公共资金将如何被确保用于公众关切的利益与目标，更未表明谁对财政结果链的各个环节负责，那么，缺失的不只是透明度（transparency），还有透明度所支持的受托责任。

财政预算改革自始便有两大主旨：财政管理上的理性、集中化和财政权力配置的制约、民主监督。前者意在行政机关内部建立集中、高效的预算管理体制，提高预算能力、制定政策统一协调的行政预算，而后者则强调财政预算权力应根据功能分殊的原则在横向和纵向双重维度上重新配置，以实现公共机关之间的权力制约和市民社会的政治参与、民主问责。较为理想的预算与政府职能之间的关系，是预算制度在行政系统内部“界定了公私之间、国家与社会之间的界限”，就像政府的微缩版，预算清晰地勾勒出政府责任的范围，同时通过预算公开、审议实现立法监督和社会监督。

2. 趋势二：指向引导合意的绩效结果

作为政府宏观调控的重要手段，反映国家战略、政策、政府活动范围和方向的预算管理必须紧扣高质量发展根本要求，创新管理方式和资源配置模式，更加注重绩效结果导向、强调成本效益、硬化责任约束，推动供给侧结构性改革，为高质量发展奠定基础。

须有预算—政策间直接联结的制度设计。预算不能为自己设定目标与方向，必须依赖政策。首要的是政策目标与手段必须制定良好：清晰明确、尽量细化与量化，以避免支出与资金安排“究竟与什么挂钩、如何挂钩”的困惑与模糊，导致在预算过程的起始阶段即埋下预算与政策脱节的种子。一旦脱节，预算就成为“植树人”预算：既缺失目标感与方向感，也缺失灵魂。在此困局中，预算过程难免陷入分钱游戏，以至于约束与引导公共支出对纳税人关切的目标与利益作出贡献变得非常困难并具有高度的不确定性（见表 2－1）。

表 2-1 平衡资源观和权力观的理性预算改革

使命	权力限制	资源利用
目标	有效约束与引导财政与行政权力，限制权力的过度行政裁量	促进财政资源有效利用，引导合意的绩效结果
制度安排	预算过程与受托责任机制	预算—政策间的直接联结
	预算竞争机制设计	支出整合
		技术健全性
针对问题	缺失基本的可问责性： (1) 谁制定和执政预算政策； (2) 谁就何事对谁承担怎样的责任； (3) 界定失责的具体标准； (4) 失责将会承受怎样的后果和惩罚； (5) 谁界定失责和谁实施惩罚； (6) 失责造成的损失、影响与后果将如何救济与校正	预算—政策脱节问题： (1) 钱等项目——资金已经安排但项目还没着落； (2) 预算过程的收入驱动——“有多少钱办多少事”（缺失政策视点）； (3) 支出安排与法定支出挂钩——法定支出不受政策约束； (4) 只对增量进行预算——占绝对大头的预算存量（基数）未加考虑； (5) 支出进度缓慢——年末形成大量结余与下年结转； (6) 正常年份中存在频繁且大额的预算调整； (7) 预算文件结构性缺陷—缺失“政策目标—目标成果—产出—投入”链
	缺失标准的成本效益分析程序； 缺失防控“钓鱼项目溜进预算”的制度设计； 缺失方案择优的制度设计	预算未被作为一个完整的整体加以准备和审查： (1) 未能在“预算申请大排队”中形成支出重点与优先性； (2) 在资金不足时很难避免“撒胡椒面”以至重点项目资金不保

二、绩效预算与零基预算

（一）绩效预算的起源与发展

绩效预算（performance budgeting，PB）是 20 世纪 50 年代初美国联邦政府首先提出并应用于支出管理的一种预算编制模式。20 世纪 90 年代美国联邦政府放弃零基预算法，再次采用绩效预算法编制政府公共部门财政预算。在过去的十多年里，绩效预算特别是基于绩效预算的绩效管理越来越受到美国预算管理办公室（Office of Management and Budget，OMB）的重视，并相继通过了一系列相关法案。从目前来看，绩效预算已经开始成为西方发达国家主要的预算模式，它在引导政府在市场经济中提高效率、发挥宏观调控作用等方面起到了重要的作用。

绩效预算在各国大范围实践起步于1985—1995年，随着新公共管理浪潮在世界范围内快速扩散并蓬勃发展。33个OECD成员国家已经实施绩效预算改革，尽管它在预算和决策方面意义重大，但执行这项改革本身的过程却困难重重（克拉克，2018）。其中英国被认为是在政府绩效管理方面走在世界前列，反映出其国家治理体系和治理能力水平。通过绩效目标明确各级政府及部门落实事权和支出责任的标准和要求，通过绩效评价结果公开展示各地区、各部门履行事权和支出责任的效果，并倒逼其落实责任、改善管理、提升效益。英国的绩效管理盛行主要是在1997—2010年工党执政期间，之后保守党执政，绩效管理被淡化。从绩效预算推行的动因与模式、影响改革成败的因素两个方面看。第一，绩效预算改革的兴起与发展呈现较为明显的实践导向特征，如何在政府与日俱增的财政压力和公民不断提升的公共服务需求中寻找平衡，并有效、负责地使用财政资源成为各国政府预算的核心使命，绩效预算试图将绩效信息与预算分配放在一张“桌子”上，与生俱来地伴随着改变预算分配规则和重组机构间权力关系的愿望（霍，2018；卢，2015）。根据绩效信息与资金分配联系的强弱关系，形成了直接影响型绩效预算（direct performance budgeting）、管理型绩效预算（managerial performance budgeting）、参考型绩效预算（performance - informed budgeting）和表面型绩效预算（presentational performance budgeting）几种模式，都旨在通过引入绩效信息增加决策的理性基础。很多国家和政府只能做到“参考型”和“表面型”绩效预算，并开始注重“管理型”绩效预算的运用，但实践中很难完全地将绩效结果与资金分配进行联系。有学者基于美国的实践，总结提出了27项可以影响绩效预算采纳和成败的因素，具体分配在政治运行、组织能力、立法力度和推行方式四个方面，其中，绩效文化、技术因素和运行过程是贯穿美国预算批准、预算拨付、预算执行和预算审计的主线。不可否认的是，从立法层面固化绩效预算改革成果将更能影响组织和部门行为，成为检验改革进步的试金石并促进改革成功（卢，威洛比，2019）。

（二）绩效预算的中国实践

2003 年，党的十六届三中全会提出“建立预算绩效评价体系”，开启了我国中央和地方政府财政支出绩效评价工作。截至 2014 年底，有近一半的中央部门成立了预算绩效管理领导小组；有 23 个省份设立了单独的预算绩效管理机构，开始省级预算部门整体绩效目标申报和部门整体绩效评价工作。随着预算绩效管理改革步入深水区，党的十九大进一步提出在预算领域“全面实施绩效管理”。2018 年，《中共中央 国务院关于全面实施预算绩效管理的意见》标志着我国预算绩效管理正式步入高位推动和改革跃迁的新拐点，预算绩效管理也经历了财政部门主导到中央高位推动、试点探索到立体扩散、整合预算与财政支出绩效评价到全面预算绩效管理的发展阶段。2019 年 12 月，中央经济工作会议对财政工作的部署从“加力提效”转变为“提质增效”，预算绩效管理作为当前预算领域重要的行政管理工具，契合了政府从“做大蛋糕”到侧重“分好蛋糕”的战略导向，呼应了民众对政府“花钱必问效，无效必问责”的殷切期盼。

随着改革措施的逐步推进，地方政府也广泛展开了预算绩效管理的实践，在预算目标设定、预算执行监督、支出绩效评价和结果运用方面取得了一定成效，广东模式、河北模式、湖北模式等预算绩效管理先行模式可圈可点，预算绩效管理改革在不同地方政府落地实施中呈现出差异性的改革路径与改革效果。整体来看，声势浩大的预算绩效管理改革在地方政府层面频繁遭遇“上热中温下冷”的窘境，中央政府大力推动、省级政府紧跟发文、部分市级政府层面工作空白，大多数地方政府仍难以找到改革抓手，预算绩效管理在地方的落实呈现“摇旗呐喊”的困顿局面。省级层面预算绩效管理的顺利推行关乎中央层级政策精神的有效承接，也关系到预算绩效管理在市、县政府层面的“落地生根”，这是“十四五”时期撬动和引领现代预算制度改革、实现国家治理能力和治理体系现代化的重要突破口。

（三）绩效预算的优势

与传统预算编制方法相比，绩效预算具有以下优势：

1. 绩效预算是一种“效益预算”

绩效预算的出发点是政府部门应当花多少钱来购买某项公共劳务，而不是为养某些机构或部门，这是市场经济关系在政府公共部门的应用，是一种以“产出”或“结果”为依据的预算。就管理要素而言，绩效预算不再是传统预算中的人和钱两个要素，而是引入“绩、预算、效”三个要素，人不再是单独的要素，而是附属于绩。在绩效预算下，各项支出的用途都清晰地与计划或活动的结果相联系，尤其强调以绩效为前提确定预算资金分配，与传统的“投入预算”相比，绩效预算是一种既重视投入更重视产出的“效益预算”。

2. 绩效预算实现了绩效与预算的匹配

绩效预算实行实物量（绩效）与资金供给量相配比的原则。对于每个项目领域，投入资金是如何运用于日常的具体任务和活动，这些活动如何创造一定的产出以及最终的成效是什么，在绩效预算中都会有较明确的反映，因而对每一个项目活动，其绩效与预算是匹配的，彻底改变了以前预算单位申请预算随意要价的做法。政府预算的支出计划，以业绩项目为基础，每项支出都依业绩项目的成本标准计算。预算单位若想得到更多的资金，就必须实施更多的项目活动，而且这些项目活动要有好的绩效。而单位分到的预算越多，说明它们获得政府交办的项目越多，从而实现预算单位绩效与预算的匹配。

3. 实行绩效预算硬化了预算约束

绩效预算较清晰地表明了投入的每项资金将会产生的成果，如开发一项应用软件，构建一个施工工地，每个项目活动都有一个合理的预算底线。部门能得到多少拨款，不是取决于它们“要多少”，而是取决于“干多少”。业绩越好的单位，就越容易获得预算，而获得的每笔预算都以取得业绩为代价，改变了传统预算中财政与行政事业单位“讨价还价”的博弈式关系。绩效预算中权利与义务是对等的，它坚持按绩、效和成本标准来确定每笔拨款，为评价预算分配的合理性提供标准，使得预算约束硬化。

4. 绩效预算的可操作性强

绩效预算强调效果和可操作性，预算制度由多种方法构成，但它最终落脚为对政府各部门的业绩考核，从而又进入相对简化的阶段。“绩效指标”不是绩效“标准”即私营部门中利润的完美替代物——它们实际上是绩效“指标”，这些“指标”只是绩效好坏的指示物，并不是要用它们精确地测量绩效，其可操作性强，即使不懂预算的人也能看明白。绩效指标的设计可以从简单到复杂，逐步完善。

（四）绩效预算与零基预算

绩效预算要阐述和明确请求拨款所要达到的目标，为实现这些目标而拟定的计划需要花费多少钱，以及用哪些量化的指标来衡量其在实施每项计划的过程中取得的成绩和完成工作的情况，包括绩、预算、效三要素，绩是指业绩指标，表明申请财政拨款是为了达到某一具体目标或计划；预算是指达到这一业绩所需的拨款额；效是指业绩的考核及业绩与预算挂钩的方式。

绩效预算要求对支出进行逐项评估，这一点和零基预算是一样的。零基预算虽然并不排斥工作量的测量，但它不像绩效预算那样重视工作量的测量和预算执行的结果。绩效预算放松甚至解除了预算投入的控制，但明确要求政府和机构承担起主要由成果和产出计量的财政绩效的受托责任。将财政预算与表现挂钩，用以提高各政府单位对工作成效负责程度。20世纪80年代，吸取了零基预算特点的绩效预算重新获得发展，被称为企业化预算制度或新绩效预算。

零基预算确定优先性不可避免以绩效为导向。在经济运行比较稳定的财政环境下，即没有大起大落的情况下，可以按照对上一期预算绩效的评估结果进行优先性选择。作为优先性选择依据的绩效指标不仅要包括业务活动、资产增加等产出指标、投入成本指标，还要包括履职效能、社会效应、生态效益、可持续影响和服务对象满意度等。可组织第三方机构独立开展绩效评估，尽可能依托大数据，采用先进可靠的评估技术和方法，提高绩效评估结果的客观性和准确性。通过绩效导向，在预算编制时，整合分散重复的项目、清理取消政策到期的项目、削减低效无效的项目、收回或重新安排因超过实际需要或预算执行不力而造成的沉淀资金。当然，采用绩效预算方法也要坚持简明、确定和可实行（实行成本较低）的原则。

三、中期预算

（一）中期预算的起源与发展

中期财政规划是一种预算编制和公共财政管理方法，它致力于将财政资源配置由年度向跨年度转变，强化对年度预算的约束，增强财政决策的前瞻性、战略性和持续性，推动财政“提质增效”，提高财政资金使用效果和配置效率，防范财政风险。

英国是中期预算的先驱，早在1961年开始编制跨年度预算。英国中期预算编制的核心要素是遵守预算纪律、保证支出效率。每年春末夏初，英国财政部长、财政部长高级顾问、税务局局长和海关关长会联合制定未来三年的财政规划。每个部门有权利按照财政部规定的支出限度自行决定项目优先顺序，也有权利在其部门预算框架内给优先项目增加预算，同时减少或者取消不重要的项目预算，但必须不超出财政部给每个支出部门规定的“控制总额”。“控制总额”不仅规定了部门总支出规模，而且对部门运行成本也做了规定，例如工资水平和设备经费，以达到节约政府运行成本、增加公共部门运作效率的目的。需要额外增加拨款的部门可以向财政部相关司局提交增加拨款的申请，相关司局再跟提出申请的部门一起商量来修改支出限额。英国的中期预算包含在年度预算报告中，作为《财政状况和预算报告》（FSBR）的一部分一起递交国会。该报告（FSBR）中除了包含年度预算提案，还包括政府中期财政战略、中期经济展望、税收政策分析以及对政府债务的分析。

美国1990年的《预算执行法案》是美国中期预算的立法基础。该法案对预算编制方法极大地进行了改革，提出了全面限制支出总量以期达到财政预算平衡的目标。《预算执行法案》将政府支出分为两类：可自由支配支出和强制性支出。为了全面限制支出总量，《预算执行法案》提出了“截留控制可自由支配预算项目”的法令。如果预算报告中的财政支出额度超过了法令中所允许的可自由支配支出上限，那么所有的可自由支配支出项目都会以一个相同的比例被削减，这个比例要保证削减后的支出水平与支出上限相平衡。美国的总统预算提案中包含一份中期支出预测和中期收入预测。支出预测里列出了当前政策下未来几年的支出成本，收入预测则反映了在现行税法框架下未来几年预计收集到的税收收入。通过这些跨年度预测信息可以分析出现行政策对未来财政运行的影响。资本预算是美国联邦政府中期预算的特色。在美国，预算支出授权额度和财政支出数额是两个截然不同的概念。预算支出授权额度是指国会赋予支出部门的在当下或者未来发生一定数量的财政支出的权利。在美国的预算程序中，国会不会直接对项目的财政支出水平进行限制，而是对预算授权额度进行限制。授权额度采用的是权责发生制的记账原则。期限一般是一年，通常情况下在到期后没有使用的授权额度可以结转到下一年度。

20 世纪 80 年代，澳大利亚为了减小当时国内过高的财政支出压力和由此带来的高额税收负担，澳大利亚联邦政府引入了中期财政规划，而减少政府开支和税收负担水平也成为政府的中期战略目标。《1998 年预算诚信法章程》对澳大利亚的中期预算编制做了正式规定，要求每年对政府中期财政战略进行回顾和更新，并作为政府预算报告的一部分发布。澳大利亚联邦政府的财政支出预测在 1998 年之前都是由财政部负责，之后则交由各支出部门自己完成。预测内容包括现行政策的成本以及政府未来四年的政策成本，这些前瞻性预测是澳大利亚政府联邦财政信息管理系统重要的一部分。除了联邦政府已经批准的项目，前瞻性预测中不允许引入新项目或扩大现有项目的规模。每个财年开始之初，会对这些预测内容进行更新，并作为该年度年度预算的编制基础。支出部门如果想要建立新的项目或为已有项目增加投资，必须经过内阁同意。澳大利亚的预算报告一共有四份文件。第一份文件（《预算战略和展望》）内容包括财政战略描述、经济展望以及总财政规划。第二份文件（《预算规模》）包括下一财年的预算规模以及详尽的中期预算评估。第三份文件（《联邦政府间财政关系》）主要是对政府间财政关系进行介绍。第四份文件（《联邦公共审计》）内容为下一财年的拨款预算案。以上四份文件共同组成了澳大利亚联邦政府的中期预算框架①。

每个国家的中期预算的具体实践办法各不相同。

（1）跨年度规划反映的是收支预测还是财政规划，澳大利亚、奥地利和新西兰反映的是收支预测，德国、英国反映的是财政规划，美国则同时反映了收支预测和财政规划。

（2）是否在年度预算中纳入中期预算元素，澳大利亚、德国、新西兰、英国、美国是纳入，奥地利则没有在年度预算中纳入。

（3）规划一般包括几年（不包括当年财政年度），新西兰和英国是 2 年，澳大利亚和奥地利是 3 年，德国和美国是 4 年。

（4）支出预测是由中央/联邦政府还是支出部门负责，澳大利亚、新西兰和英国是支出部门，奥地利、德国和美国是联邦政府负责。

（5）中期预算预测每年更新几次，澳大利亚是 4 次，奥地利、德国、

① 于雯杰. 中期预算编制国际比较及借鉴——以英美等发达国家为案例 [J]. 地方财政研究，2016 (12)：31 - 37.

英国和美国是 1 次，新西兰是 2 次。

（6）各支出部门是否具有在部门预算范围内再次分配资金的灵活性，澳大利亚、新西兰、英国是支出部门有灵活性，奥地利、德国和美国的支出部门则没有这种灵活性。这种差距是由各国的发展目标、预算机制和国家传统以及各国的治理能力和财政资金获得能力的不同造成的。例如，德国联邦财政规划比较成熟，包含了详细的跨年度税收和支出的计划（见表 2 –2）。

表 2 –2　　　　不同国家中期预算比较

	澳大利亚	奥地利	德国	新西兰	英国	美国
跨年度规划反映的是收支预测还是财政规划	收支预测	收支预测	财政规划	收支预测	财政规划	收支测测；财政规划
是否在年度预算中纳入中期预算元素？	是	没有	是	是		
规划一般包括几年（不包括当前财政年度）？	3	3	4	2	2	4
支出预测是由中央/联邦政府还是支出部门负责？	支出部门	联邦政府	联邦政府	支出部门	支出部门	联邦政府
中期预算预测每年更新几次？	4	1	2	1	1	
各支出部门是否具有在部门预算范围内再次分配资金的灵活性	是	否	否	是	是	否

（二）中期预算的中国实践

2013 年，党的十八届三中全会提出要建立跨年度预算平衡机制；2014 年新修订的《中华人民共和国预算法》（以下简称《预算法》）同样提出要建立跨年度预算平衡机制；2014 年，《国务院关于深化预算管理制度改革的决定》进一步提出要实行中期财政规划管理；2015 年，《国务院关于实行中期财政规划管理的意见》印发，明确部署逐步推进中期预算改革。此后，中期财政规划管理改革开始全面推开，大部分省份于 2016 年开始编制三年中期财政规划，中期财政规划管理改革进一步向市县延伸。目前，改革已经覆盖中央省市县四级，已积累一定的规划编制经验，初步形成适应我国国情的中期财政规划框架。浙江省还率先“做实”了中期财政规划管理，构建了集中财力办大事的政策体系。但从现实运行情况来看，中期财政规划的实施效果不尽如人意，整体上仍然是“形式”大于“实质”，特别是地方基层政府实施中期财政规划管理面临诸多困难。目前的作用大致相当于作为财政政策制定的一个辅助工具，而不是作为支持年度预算体制运转的核心工具，形成“预算—政策”间直接联结的工具。广泛的实践证明，年度预算体制只有在配合以中期展望才能有效运转。中期财政规划正是为此量身定制的工具：其精华在于对现行和新政策的中期成本进行严格的核算和比较，以此形成预算—政策间的直接联结。此类程序称为“基线筹划”（baseline projections），意义非凡但缺失理解，对管理资本支出、权益支出和或有负债而言，尤其如此。

编制中期预算是必然趋势，中国中期预算的编制要符合国内的中长期发展目标和国家治理能力；中期预算的引入是一个循序渐进的过程，不可操之过急，但要有长远规划；中期预算需要支出部门的共同参与；多因素综合考虑，提高中期预算的可靠性和准确性。

（三）中期预算的优势

与年度预算相比，中期预算的优势主要有以下五点：一是通过编制中期预算，能够更加合理地反映政府的发展目标和政策优先性；二是通过编制中期预算可以判断未来几年的政策是否与国家发展战略相违背；三是避免了年度预算的短视性，赋予了预算编制工作以连续性和可持续性；四是提高了预算编制的透明度和准确性，提高了财政资金的使用效率；五是激励各支出部门参与预算的编制，促进了各部门之间的协调和配合，从而进一步提高了预算的科学性和合理性。通过合理安排各项支出的优先性，可以避免财政超支现象的出现，也可以避免由于缺少前瞻性预测而导致的财政支出过度削减，提高公共资金分配效率。此外，通过中期预算的编制可以提早发现当前政策与国家中长期发展战略之间的偏差，并及早加以改正。因此，跨年度预算平衡机制的构建，是提升我国国家治理能力的重要举措，是构建现代财政制度的题中应有之意，是实现我国中长期战略目标和财政可持续发展的制度保障。

（四）中期预算与零基预算

零基预算是以年度为周期编制的，但是为了提高年度预算的科学性，并且持续地提供高质量的公共服务，编制预算的时候必须考虑一些年度周期之外的因素，这些因素包括：宏观经济的现实情况、预期的政府收益以及政府中长期支出政策和项目的长期需求。这就决定了年度预算要想更好地发挥国家治理工具的作用，就必须置于中期预算制度框架下。

预算过程中追求灵活管理带来的不确定性往往需要强化控制来平衡，控制预算就是控制政府，中期预算和零基预算都是控制预算的制度安排。中期预算意味着全面剖析项目在其生命周期中的预算影响，进而从政府职能定位出发对预算配置实施战略调整，这项艰巨的工作要求倒置预算分配流程，从传统的自下而上转向自上而下。第一步决策的信息基础是明确的年度计划、目标和方案。对周期较长的重大项目持续跟踪问效，建立动态评价调整机制，与中期财政规划目标契合（崔惠玉和周伟，2020）。零基预算可以在这一方面提供充分的支持，政府高层决定支出上限，聚焦战略重点，零基预算基于重复的审查削减不必要的开支；业务部门在限额内围绕预期目标优化预算配置、决定项目。

四、规划计划预算

（一）规划计划预算的起源与发展

规划计划预算系统（PPBS），它于20世纪60年代投入实践。该制度的主要目标是更全面地将筹资和决策的过程纳入一个共同的联盟。PPBS的管理思想萌生于美国的企业管理部门，早在1924年，福特汽车公司就已运用类似的管理模式以求提高经营效率。1961年，曾任福特汽车公司经理的麦克纳马拉就任美国国防部长。在当时的预算管理模式下，由各军种单独提出预算数额，国会只能根据上一年度的军费使用情况，先确定军费总额，然后由国防部在限额内切块分配给三军。由于缺乏统一规划，各军种单纯根据自己的设想进行战争准备，而难以考虑共同的军事战略目标，造成财力资源重复配置和严重浪费。为此，他将美国兰德公司的管理模式逐步运用于国防部并获得了巨大成功。据统计，麦克纳马拉任职期间（1961—1968年）共节省国防开支约150亿美元。在国防部的影响下，美国联邦政府各部门、机构纷纷引进了PPBS，在美国形成了风靡一时的预算改革潮流。它将长期规划、中期建设计划与年度预算编制紧密结合起来，将传统的一年一度的预算准备转变为着眼于政府长期的公共政策目标。在全面考察国家战略，通盘考虑当前和长远利益并进行成本收益权衡的基础上，将总体目标分解细化为可实现的具体目标，实现了资源的科学配置和有效整合，保持了政策目标和预算过程的逻辑一致性。但由于种种原因，PPBS 在美国其他政府部门运用不到十年时间，便于 1971 年停止使用了。而美国国防部从 1962 年起，PPBS 就一直在国防资源分配与管理中发挥着重要作用。进入 21 世纪以来，美国国防部提出军事转型战略、同时也在寻求军事规划活动的转变，以期找到一种面向未来、基于能力的预算资源配置方法。美国国防部认为，PPBS 过于刚性且反应迟钝，难以适应动态的、不确定的国家安全环境，而且过程过于繁琐，不能及时有效地将军事战略协调地融入国防计划中。因此，美国国防部 2003 年 5 月发布“重大倡议决定 913”文件，宣布对 PPBS 进行重大改革。新的国防资源分配管理办法——“规划、计划、预算与执行”（PPBE）于 2005 财政年度开始实施。尽管 PPBE 目前尚属于美国国防部内部使用的预算管理系统，但是其将远期目标、中期计划与预算执行有机结合的先进方法，从资源的投入控制到注重结果的绩效的运行程序，是值得在更加广泛意义上的公共预算管理中加以研究和借鉴的。

（二）规划计划预算的优势

1. 追求的目标和运行理念高度一致——注重成果和绩效

对于 PPBE 而言，通过计划、规划、预算与执行评审四个过程的系统协调和周期滚动推进，使得整个国防建设在战略目标明确的前提下，寻求全局最优而不是局部最优的结果。即通过目标层层分解，以长远规划指导中期计划、由中期计划推动预算的过程，全程强化预算执行的评审，从而保证战略目标的实现。在这一预算决策过程中，关注的重点是预算结果。同时运用系统分析、效费比分析等技术方法，考虑预算总额限制和国防资源分配效果，以提升国防预算的绩效。规划预算聚焦于产出、成果，打破部门界限，不再局限于组织本位，根据政策目标构造规划单元，并根据规划配置资源，基于目标来评估成果和进行成本效益分析。绩效预算是一种以“产出”或“结果”为基础的预算，其关键在于确定项目成本与项目实施效果之间的关系，并对项目的效率加以评估，着眼于提高预算资源分配的经济效率，将预算的重点从单纯的支出控制转向支出所取得的成果（outcome）。

2. 以中期支出框架为基础，将远期政策目标与年度预算执行融为一体

PPBE 最为重要的特征就是通过中期计划将远期战略目标与近期计划和年度预算紧密衔接起来，从而成为一个完整而统一的预算系统。例如，美国国防部年度预算是根据规划阶段公布的《国防规划指南》中确定的政策目标来制定的，而这一规划确定了最近六年的国防计划，然后以六年国防计划的前两年为基础编制详细的年度预算。规划预算的编制也是按照国家发展的战略目标和优先发展方向，以一个具有明确目标的规划作为基本单元编制年度预算。这样既保证了预算资金的分配和实际使用结果同国家政策目标和战略重点保持一致，又确保了预算制订、执行与结果的质量。从最终目标出发是绩效预算的根本原则，绩效预算通常根据最终目标建立一个三年期的中期支出框架——三年财政计划，这样就大大增加了预算编制的确定性。一方面在编制预算时可以根据政策目标确定预算重点，保证政策目标实现的确定性；另一方面可以通过中期支出框架确定的预算限额约束各支出部门的行为，提高预算资金的使用效果。由此可见，无论是 PPBE、规划预算，还是绩效预算，以成本—效益作为评价标准、以产出和成果为预算管理导向，以及围绕政策目标，通过一个中期支出框架保持预算执行结果与公共政策目标的一致性、始终追求绩效的理念是高度一致的。

3. 跨越了组织界限，实现规划间的竞争

规划预算与传统预算相比其主要优点在于，传统预算管理中，对资金的竞争是在政府部门之间或者政府机构内部进行的，以部门或各组织机构为本位展开的。与之相反，规划预算中，竞争是在相似的规划之间展开，跨越了传统的组织本位界限，它可以促使所有参与者将其注意力集中转向公共支出结果，这些参与者包括部门管理者、部长、立法机关代表和公众。也就是说，“规划”与我们平常使用的项目并非同一概念。规划预算是按照有着特定目标的规划（与活动）、打破部门界限归集投入的预算资源，而不是按照组织机构来归集预算资源。这是规划预算不同于基于组织本位配置资源的传统投入预算的主要特征。

4. 增强了各预算支出机构的受托责任和预算透明度

规划预算包括总目标、子目标、规划名称、预算资金、活动等各个方面，以规划作为预算拨款的基础，聚焦于由规划确定的各项活动的运行效

率，围绕政府制定的战略目标做出资源分配决策，这不仅使规划与资源配置相匹配，更增强了各预算支出机构的受托责任和预算透明度，使政府与立法机构和社会公众的关系更为和谐友好。以韩国环境部的规划预算为例，该部打破向所属各局和办公室切块分配资金的办法，根据规划目标来组织资源以完成各项环境保护活动。部长的角色和职责范围就是根据确定的政策目标决定各规划的规模和数量，在年度预算中考虑中期规划，以将预算结构和绩效管理联系起来。该部工作的总体目标是“环境保护”，为达到总体目标，下设“环境政策”、“水”、“空气”、“自然”和“废品”5个子目标，每个子目标下又分别有2—5个规划，共计为16个规划，其中环境管理局拥有一个独立的规划。根据规划制定预算，并且安排为达到这一规划目标的各项活动。比如“首都地区的空气质量”这一规划中安排的活动就包括采用天然气公共汽车等。

（三）规划计划预算与零基预算

规划计划预算以系统方法著称，它有多年周期及系统途径的优势、自上而下程序作业，以精准分析确立目的，尤其利于系统宏观分析。但这种方式是以计划为导向的，将中长期的计划转化为每年的预算，计划极大地影响了预算。在实际运作中，也会因为程序操作失误而影响整体效果。

零基预算试图通过提供工具来对任何给定的项目活动进行严格的评估，以及实现其既定目标的替代手段，来填补PPBS的内在空白。零基预算还要求对现有项目的活动和操作进行持续和批判性的评估。这与PPBS形成了鲜明的对比，在PPBS中，一个项目或活动一旦启动就可能免受决策者的任何进一步审查。

规划计划预算是一个自上而下的过程，决策集中在政府高层，责任大而信息少，业务部门被动接受，了解情况却无发言权，零基预算要求在方案中充分提供信息，精编预算的理念可以弥补这一不足。

零基预算不像20世纪60年代美国实行的规划计划预算那样强调结果，并且在大范围内都不采用规划计划预算所强调的成本收益分析方法，因此它不是规划计划预算的继续。与规划计划预算相比较，零基预算是一种能够适应任何一种组织结构的预算模式，而规划计划预算则常常与某些组织结构不相适应，因为它要求按照项目来对现有的组织进行重组。

第三章

永恒的改革：零基预算程序再造

零基预算改革实践是一个永恒的主题，是不断探讨再设计一个有效的零基础预算系统时需要采取的步骤。从零开始的零基预算不可能是一个机械的、只涉及财务的行动。实际上，这是一个重新思考组织内部所有活动的机会，推行项目只是一个开始。

一、零基预算的程序缺陷

零基预算有一个完美理性的理念体系，有一个独特的和明确界定的术语和一套程序，但这无法掩盖其程序方法上的先天不足以及现实的不适性①，这也是在国内外公共部门和私营部门中零基预算总是能得到采纳和重启又不断被舍弃或改良的主要原因。

一是管理者难以确定合适的决策单元。零基预算期望将整体预算区分为各个定位准确、边界清晰的活动，且能够有明确且可执行的全成本收益统计进行绩效比较，这在公共部门预算和私营部门预算中都是难以实现的。

二是对不同的决策包进行排序以及处理大量的数据和文书难以落实。

---

① Judson L. James. Review Essay on Zero - Base Budgeting [J]. *Policy Studies Journal*, 1978 (03).

如果没有清晰的目标和良好的数据作依据，那么所谓的决策包将成为玩弄预算游戏的一个新场所。零基预算要求排序标准足够清晰且易于操作，现实难以提供零基预算所需的足够的数据和信息以产生有效的分析，不同决策包之间的排序标准确定也难以执行。而且这一做法也大大加大了底层政府机构和部门大的工作量和预算文书量。

三是基于基准保障水平确定最低投入水平面临预算部门策略性选择的阻碍。零基预算所要求的确定最低工作量，不只是确定政府提供服务的基线水平或基础目标，还要求最大程度的工作改进、机构变化、效率提高或成本费用的减少①，目的在于说明最高决策人员为每一个服务水平提供资金所能得到的不同结果，如何预测这些不同的工作水平所产生的不同结果可能是零基预算分析中最困难的一项工作②。目的虽好但实际上难以执行，因为对预算部门而言这么做也意味着预算基点的降低，预算部门也就很难有动力出于控制预算的目的在预算阶段主动研究工作改进、机构调整、效率提高等的路径方法，而更会策略性地选择把预算做得粗一点，预算基点做得越大越好。

四是对于预算主体和行为缺乏有效的制衡与规范。零基预算在程序方法上没有考虑对预算主体和行为的约束或评价的内容设置，将预算主体的完全理性和能力完备视为天然的先决条件③。“零基”也意味着一切从零出发，事无巨细都编制在内，并需要按照计划定期稽核，纸面工作会相当繁重。由于缺乏制衡每届政府官员都可以凭借预算的稽核和计划修正来停止前任的财政项目，而将自己任内的计划列为最优先。

二、零基预算程序改进的三个趋势

多年来不同国家和部门在实践中对零基预算进行了改进：

一是依赖于现有的绩效预算程序，将重点放在寻找本期预算中重复、

---

① Hayes, R. B., & Cron, W. R. Changes in Task Uncertainty Induced by Zero - Base Budgeting: Using the Thompson and Hirst Models to Predict Dysfunctional Behaviour [J]. 1988, 24 (2): 145 - 161.

② Hill, C. E., Sharp, T. Zero - Base Budgeting: A Practical Application. Governmental Finance, 1983, 12 (1): 13 - 18.

③ Lauth, Thomas. Zero - Base Budgeting in Georgia State Government: Myth and Reality [J]. *Public Administration Review*, 5 (August/September) 1978: 420 - 430.

浪费和需要淘汰的部分。这一新改进在意识形态上更为保守，目标是削减预算和缩小政府规模①。在微观层面上可能意义重大，但在宏观层面上可能并非如此②。基于零基预算的局限，部分学者主张通过与其他预算方法结合来完善零基预算。徐志（2003）提出在支出预算编制方面，应推行零基预算和绩效预算法。聂丽洁和王俊梅（2004）指出，零基预算与绩效预算的有效融合，不仅可以实现预算编制程序成为自上而下和自下而上的互动循环系统，还可以精简繁琐的编制过程，提高现实操作性。马俊（2004）指出，绩效预算汲取了项目预算的功能分类、目标预算的目标协商、零基预算的目标排序等有价值的成分，并且由传统预算的控制导向转变为结果导向，但并不意味着其与传统预算是完全不相容的。王辰和李彤（2011）指出，引入绩效预算与零基预算的实施并不冲突，零基预算的属性使得其适合与其他预算方法进行结合。郑德琳（2016）研究发现，佐治亚州时隔30年后重新宣布从2014年以后开始实行零基预算，与卡特时期不同的是，此次实行的零基预算更加重视对历史数据的分析，并且，通过与绩效评价等技术分析工具的进一步结合，零基预算成为应对经济紧缩时期财政支出压力的有力工具。

二是摒弃零基预算过于繁琐的预算形式，保留其内在理念和核心策略。近年来OECD成员国家运用零基预算理念削减财政支出取得了很好的效果，其核心要件是通过支出审查、绩效预算、风险导向、聚焦关键部门、程序控制等形式，实现优化支出结构的目的③。私营公司和联邦机构利用ZBB的另一种方式是选择只使用ZBB的组成部分（例如要求执行评估的优先软件包），或不限定在传统预算周期内完成一个零基预算周期，或在选定的部门应用ZBB，采用对单个组织有利的特定方面应用零基预算方法，这可以让特定的公司和各机构从零基预算限制性的预算做法中获益，而不受应用部分不适合的预算模式的潜在后果所影响。

三是着力于零基预算方法在重点节点的应用与控制，不建立完整的零基预算体系与程序。提出排序指引和优先原则，打破“基数”清理整合

① 郑德琳．从零基预算到新零基预算的演进——美国佐治亚州经验与启示［J］．地方财政研究，2016（01）：108－112.

② 李成威，杜崇珊．零基预算：从方法到理念演进的要件分析［J］．中央财经大学学报，2020（10）：3－9.

③ 李成威，詹卉．治理改革背景下的预算现代化［J］．地方财政研究，2021（06）：4－9.

支出政策，分级分类预算管理与控制，加强项目审查与项目库管理，将绩效评价纳入预算全过程管理①。ZBB 过程也可以通过利用政府机构已经进行的定期项目审查的已建立的过程来进行优化。例如，各机构可以在年度或定期的项目审查中添加一个 ZBB 组件，而不是执行一个单独的审查程序。

三、结合绩效预算的零基预算程序改进

（一）绩效预算与零基预算的有效融合的优势

零基预算在我国应用中还存在很多制度、法规上的局限，因而在我国实施零基预算编制有必要对其做出适当的改进。从目前美国联邦、州和地方政府的预算编制情况看，几种预算编制方法往往被同一机构混合在一起使用，这说明采用单一的预算方法不可能解决所有的问题。绩效预算作为一种重效果的预算方法，可以在一定程度上弥补零基预算的不足，通过两者的有机结合，可以完善预算编制方法改进预算方法体系②。

1. 有利于深化政府行政机构改革

推动预算编制方法的顺利实施。首先，在实行零基预算框架下，需要重新核定所有预算单位的预算支出，但是对于部门的设置，零基预算无法控制。实行零基预算与绩效预算相结合的预算方法体系，政府部门获得的预算资金与其制定的业绩指标有着直接而紧密的联系，倘若一个政府部门经过考核，其存在无绩效或者绩效与经费不配比的政府行为，这将是预算主管部门增加或削减预算、确定决策单位的重要依据，同时也可成为政府精兵简政的依据之一。根据绩效与预算匹配的原则对于那些重设的、可有可无的部门实行合并或取消从而推动政府行政机构精简，同时增强政府部门使用预算资金的责任感。其次，绩效预算的主旨是用市场经济的观念改造政府，把公众真正看作自己服务的对象，要求政府的一切活动都要从满足公众需求出发，因此，实行绩效预算可以强化政府为公众服务的观念，使政府机关人员追求办事效果，激发政府的活力，使政府行政变得更加务实、有效。零基预算与绩效预算的结合在很大程度上过滤了一些与财政预

① 聂丽洁，王俊梅．关于绩效预算与零基预算相结合的预算方法体系的思考［J］．中央财经大学学报，2004（12）：1－5.

② 聂丽洁，王俊梅．关于绩效预算与零基预算相结合的预算方法体系的思考［J］．中央财经大学学报，2004（12）：1－5.

算不相关的因素，推动财政预算编制方法的顺利实施。

2. 完善预算编制内容

从2000年我国实行部门预算改革采用零基预算编制以来，我国的财政预算仍然停留在基本支出的计划、消减方面，侧重于定员、定额的核定，项目支出的核算是“雷声大、雨点小”，处于有名无实的停滞状态。除了各种客观条件的局限以及零基预算本身复杂的编制技术限制，基于零基预算方法的项目支出预算的可操作性差也是一个主要原因。首先，如果将绩效预算与零基预算相结合，一方面在基本支出实行定员定额管理的基础上按照效率原则继续精兵简政；另一方面在项目支出中引入绩效预算，来确定一揽子决策，制定一系列的绩效指标，按照项目性质分门别类对一揽子决策进行相应的绩效分析、评价和排序，通过核定每个项目活动的成本与效益，择优将项目列入预算，从而启动真正意义上的项目支出预算。其次，在零基预算的监督与评估中引入绩效预算，使得我国的财政预算从主要控制“吃饭钱、人头费”转到核定、控制项目支出上来，而且政府的支出不再归结到部门而是细化到项目，这样人民代表对政府预算的审查重点不是各部门的总预算，而是每项具体支出的合理性，这在一定程度上促进了财政资金结构的优化且强化了人民代表大会的财政监督。

3. 优化预算程序

真正实现预算的“目标、有效性和效率”三位一体的原则。“目标、有效性和效率”是指导西方世界管理政府公共支出的公认准则。首先，零基预算与绩效预算的结合使得预算编制程序形成一个互动的循环系统，由原来的链状编制流程成为一个环状的编制过程，零基预算在我国应用中还存在很多制度、法规上的局限，因而在我国实施零基预算编制有必要对其做出适当的改进。从目前美国联邦、州和地方政府的预算编制情况看，几种预算编制方法往往被零基预算与绩效预算相结合的预算编制作为计划、控制、评估的工具成为一个从上到下同时又从下到上的互动系统。在流程的起点要明确组织或项目活动的严格的、具体的、量化的绩效目标，这一绩效指标是在预算监督与评估中得到确认的，它既是这一项目活动的绩效指示物，又是作为一个指标参数来修正初期的绩效目标，同时也是下一年预算编制的重要参考依据。我国试行零基预算的直接动因就是解决基数预算无法解决的财政困难，是一种“穷则思变”的探索，其根本目的是高效益地“把很少的钱分下去”。其次，作为计划工具而不是控制或评估工具的零基预算与绩效预算结合，将促使政府的注意力主要集中于评估项目的效率与效益，注重实效，集中力量改进那些已经被证明不适宜的项目活动，在资金使用效率上做文章。只有在充分论证项目有效的前提下，以最少的资金完成最大的工作量，实现“把有限的钱发挥最大的效益”。由此可见，两者有机结合的预算方法体系侧重于绩效目标的量化对项目活动实行绩效评估，并将绩效评价与项目预算紧密结合，使预算由投入式预算转变为重视产出的预算，提高财政资金的使用效率，能够真正实现预算的“目标、有效性和效率”三位一体的原则。

4. 增强预算的可操作性

如前所述，首先，零基预算由于编制技术及编制过程的复杂、繁琐使得其可操作性较差，如果与绩效预算结合，这个问题将得到很好的解决。绩效预算的目标包括两个部分：一是项目预期的成果；二是实施这个项目所需的成本信息，如单位成本率等。绩效预算在评估一个项目活动绩效的同时其项目的成本实际已大致明确。利用这个成本指标即可修正绩效目标，实现对预算的滚动管理，减少预算编制工作量。其次，绩效预算的指标确定相对于零基预算而言简单技术要求相对较低。两者的结合可大大提高预算编制的可操作性。

（二）融入绩效的闭环模式

1. 零基预算与绩效预算的结合使得预算编制程序形成一个互动的循环系统

由原来的链状编制流程成为一个环状的编制过程（聂丽洁，2004）。零基预算与绩效预算相结合的预算编制作为计划、控制、评估的工具，成为一个从上到下同时又从下到上的互动系统。在流程的起点要明确组织或项目活动的严格的、具体的、量化的绩效目标，这一绩效指标是在预算监督与评估中得到确认的，它既是这一项目活动的绩效指示物，又是作为一个指标参数来修正初期的绩效目标，同时也是下一年预算编制的重要参考依据。我国试行零基预算的直接动因就是解决基数预算无法解决的财政困难，是一种“穷则思变”的探索，其根本目的是高效益地“把很少的钱分下去”。

2. 作为计划工具而不是控制或评估工具的零基预算与绩效预算结合

使政府的注意力主要集中于评估项目的效率与效益，注重实效，集中力量改进那些已经被证明不适宜的项目活动，在资金使用效率上做文章。只有在充分论证项目有效的前提下，以最少的资金完成最大的工作量，实现“把有限的钱发挥最大的效益”。由此可见两者有机结合的预算方法体系侧重于绩效目标的量化，对项目活动实行绩效评估，并将绩效评价与项目预算紧密结合，使预算由投入式预算转变为重视产出的预算，提高财政资金的使用效率，从而真正实现预算的“目标、有效性和效率”三位一体的原则（见图 3－1）。

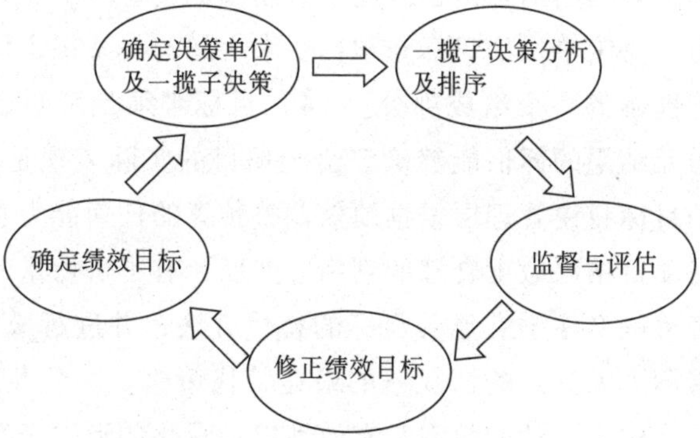

图 3－1　融入绩效的闭环模式

3. 各级管理层都必须参与预算编制过程

加入绩效要求后，有更繁琐的程序，更由于其以细节为导向的性质，因此有必要期望任何基于零的预算在其采用的第一年都将是时间密集型的过程。可以预期员工对这种新的预算体系会有不同程度的抵制。因此，在编制零基预算时各级管理层都必须参与预算编制过程。

（三）加入绩效的链状流程模式（Mukdad Ibrahim，2019）

1. 确定目标

在零基预算制度下，各级管理层都应参与预算编制过程。就最高管理人员而言，他们有责任通过有效地向各级管理层传达本组织的目标来开始预算编制过程。在围绕此目的完成沟通之后，下级管理层将与高层管理层协商，讨论他们认为对实现组织的目标不可或缺的项目，从而通过提供关于自身的有用信息投入增加与高层管理层的接触。因此，在高层管理层的主动行动下，高层管理层之间形成了一个强大的沟通和信息循环。高层管理人员对规划过程的早期参与有助于确保高层管理人员充分意识到，稀缺的财政资源的分配是否符合组织的目标。

决策单位应有合理、现实、具体和可衡量的目标。重要的是，高层管理层在为下级管理者设定目标方面发挥积极作用。这将有助于确保：(1) 较低级别的管理者对组织的目标有一个明确的路线图，并将该框架作为他们决策的指南。(2) 管理人员能够编制决策包，准确地反映和证明要执行的工作以及成功完成其工作所需的资源。(3) 中层管理者能够理解并适当地评估预算请求。有效地确定目标是极为重要的，因为它们有助于加强具体预算建议的理由，因此是编制和提交概算、建议和备忘录的有用部分。由于决策单位的目标与预算要求之间的关系很牢固，现实的目标是任何预算提案的一个组成部分。(4) 目标必须是可测量的，以便对项目或决策单元结果的评估能够确定给定项目的实际表现是否符合预期。缺乏可衡量的目标将使管理层根据绩效调整预算的任何能力丧失，因为管理层将无法对项目结果做出合理的判断。然而，有了可衡量的目标，决策单位的管理者可以专注于满足其目标的替代方法，并进行成本效益分析，以确定在结果不令人满意的情况下的最佳替代策略。在公共部门管理中，绩效衡量只是将过去行动的效率和有效性以可量化的形式来衡量。效率仅仅是产出与投入的比率，而效率对应于实际产出与任何给定组织的目标的一致需要更多的程序活动来保证。产出与目标，也就是任何给定程序中的效率值和构成该程序的活动单位都可以是相同的。有效性测量旨在帮助管理人员评估一个项目或活动的结果是否与其目标紧密一致。该措施的出色表现在于是否科学说明了组织单位经理如何明智地利用资源已达成组织目标。正是由于这些原因，这两种测量在评估决策包中为给定单位提出预算建议时发挥了关键作用。

2. 识别决策单元

零基预算过程中最关键的步骤是正确识别决策单元。它的广义定义为，可验证的独立且不与其他活动重叠的活动，它们可以是项目或活动、组织单位和成本中心。在正常情况下，一个决策单位将被包括在一个单一的账户和预算子职能中，并现实地反映该机构的方案和组织结构。任务和项目陈述可以作为一个宝贵的工具，指导管理者如何最好地将一个组织划分为独立的决策单位（谢尔比，2013）。一旦组织被划分为不同的决策单元，每个决策单元的经理就必须为每个特定的活动进行辩护。各组织还应意识到过度划分为决策单位的风险。这种过度划分的一个直接后果将是过度的文书工作和时间消耗，这将困扰组织，需要审查更多的决策单位超过必要的量。与此同时，对决策单位定义过于广泛的组织将剥夺自己对正在进行的工作实施有意义的审查的能力（萨兰特，1978）。在基于零的预算下，先例不是一个决策单位的合法理由，因此也不是管理者“从头开始”为特定活动辩护的理由。如果不从零点开始，零基预算的设计将是不可能的。

3. 制定决策包

决策包对零基预算系统至关重要。它以这样一种格式来识别和描述每个决策单元的功能，以便管理层可以对其进行评估，并将其与其他决策单元的排名进行比较正在争夺的资金，并因此决定是否通过提供资金来支持任何给定的决策单位（彼得·派尔，1977）。决策包的两个特征对于零基预算作为管理工具尤为重要（米勒，1981）。首先，较低级别的管理官员直接参与了这一过程，因为他们准备了最初的活动包。其次，这些决策包提供了关于任何组织运营核心的详细信息。

决策包为决策者提供有关活动和项目的重要信息，这些项目寻求完成的目标；这些活动将如何实现他们的预期目标，提供成本效益分析、工作量和绩效衡量以及实现目标的替代策略；以及实现既定目标的不同程度的努力（泰勒，1977）。亨茨克（1978）认为，决策包通常包括某一特定活动的目的，突出不执行它的后果，列出绩效的衡量标准，指定一个替代课程，并概述这种活动的成本和收益。奥斯汀和切克（1979）概述了决策包的以下关键要素：努力的目标；简要描述了所提出的方法；被考虑过但被拒绝过的其他方式；拟议的方法的成本和效益；对一揽子计划不被批准或未得到资助的评估。

舒尔茨（1988）明确规定了决策单位经理必须准备的相关信息：（1）确定和定义主要活动和/或项目及其具体目的；（2）确定可实现相同预期目标的替代方法；（3）选择最实际的方法来实现一个决策单位的目标；（4）为所选的替代方案建立不同程度的努力；（5）分析每个增量工作程度的成本和收益；（6）描述不执行替代策略的任何可能后果。

这些决策包是根据当前或提议的每个职能的最低管理级别制定的。在每个决策包中，单元经理都有责任用行为术语来描述工作中的程序操作以及执行给定操作，将有助于实现目标。在单元经理准备决策包之前，经理必须遵循上级管理层制定的预算准则。决策单元经理必须准备一套决策包，每个一揽子方案都应强调资助一揽子方案对满足指定目标的能力的潜在好处，最终这将累积达到决策单元的总潜在预算请求。决策包是组织内有效的预算审查、分析和决策的主要工具。在这个阶段需要进行两种类型的分析（萨兰特，1978）：首先，经理必须研究能够帮助实现主要目标的替代方法。管理人员应确定和评估这些备选战略，并决定哪种备选战略将最充分地实现目标。在正常情况下，最好的选择被用作第二类分析的基础。其次，经理将确定不同的资金水平及其对活动执行其既定目标的能力的影响。确定不同资金水平及其结果的原因是提供以下信息：可以从总预算要求中削减，换句话说，造成损害最小的削减；通过增加支出可以实现的潜在利益；资金增加和减少的影响。每个决策单元经理必须准备一套决策包，指定最低、当前和增量的资金和绩效水平。最低级别被定义为维持程序运行所必需的最基本的级别。任何低于此级别的级别都将导致项目终止。此外，最低水平可能不符合计划或决策单位的期望目标的利益。当前的服务水平是指在提议的预算计划或活动不修改当前的支出水平的任何情况下，将包括在决策包中的水平。增量水平可以描述为最低支出水平和当前支出水平之间的任何增量水平。

然后，经理将开始为构成总预算的每个决策单元准备一个决策单元概述。决策单元概述探讨了决策单元的以下特征（德拉珀和皮茨瓦达，1980）：（1）识别信息。每个概述都应以区别于机构中所有其他单位的方式描述每个特定单位。（2）决策单位的长期目标。（3）决策单位的主要目标。这里需要注意的是，目标往往是连续的和长期的。（4）替代方案。项目经理应该评估执行给定项目或活动的各种竞争方法。（5）成就。决策单元概述应该显示任何给定的证据，如果有的话，包括给定的决策单元当前或历史的成功。这种分析应同时采用定量和定性的措施。最后，管理人员将准备一份关于所有替代可能性的详细分析，然后为每个给定的级别准备决策包。该分析应提供以下信息：①与决策单位及其预算结构有关的任何现有资料；②清楚说明要执行的活动的性质和各级将提供的服务；③需要传达的短期目标以及由于给定的支出或业绩水平将带来的好处；④对主要目标的影响：管理者应评估和描述增量资源和累积资源对主要目标的影响；⑤资源需求：管理者应估计完成决策单位目标所需的资金和人员的数量；⑥剩余的信息。即对决策者在评估时应包括的有用信息，在分析各种决策包时有帮助的任何信息。

4. 决策包排名

财政部门的角色不是生产性的，而是分配性的。财政部门的角色之所以是分配性的，除了法律授权外，主要是因为政府财力是有限的，政府施政需要分出轻、重、缓、急，分出必要性和非必要性，而财政部门的工作就是要在有限的政府财力下，按照国家治理需要确定预算保障次序，并按照保障次序保障预算安排并组织预算执行。

排名是指经理审查所有决策包并对每个给定的包附加一个相对优先级的过程。然后，经理将使用每个决策包所设计的级别，为按优先级降序排列的所有决策软件包准备一个清单表。将创建一个正在运行的累计总数来记录总预算请求。这等于每个包加上前面的包的总和。

维赛尔（1978）指出，参与排名过程的程度取决于三个因素的组合。第一个因素是正在审查的决策单元的数量和它们所产生的决策包的数量。第二个是排名过程背后的方法及其要素、步骤和程序的复杂程度。第三个因素是“前端”政策的全面性和清晰性以及优先级指导。

切克（1977）提供了以下建议，以促进排名过程。（1）不要在优先事项上浪费时间。排名很高的项目，无论其优点是合法的还是经济的，都肯定会得到批准和资助。（2）不要集中于处理准确性。在决策包分析和排序中，可比性优于准确性。（3）在整个排名过程中有意识地保持战略目标。（4）保持灵活。缺乏修改可能会突出显示对关于决策包如何排序的任何问题的可能监督。（5）最重要的是，要遵循 KISS 的原则。避免让你的预算技巧过于复杂，特别是在制定决策包和排名时。

在对决策包进行排名时，可以使用三种流行的方法。第一种方法被广泛称为投票制度。它最初是由得克萨斯州构思和使用的，随后是乔治亚州的政府，由彼得·皮赫尔开发。它最适合于那些分配了一个委员会来执行排名过程的组织。它的主要优势在于它在处理大量筹资案件方面的作用。在长时间讨论正在审查的决定方案的优缺点后，委员会成员对每个方案的总体优点进行表决。然后清点选票，排名继续进行，直到达成高度的一致意见（迪隆，1979）。第二种方法被称为主要类别系统，是投票系统的一个变体。在这个系统下，每个包根据收到的票数进行排序。然而，投票发生在每个类别内，以便选民可以决定哪个方案在每个给定的类别中具有最高的优点。有些类别可能包括但不限于：法律要求、最理想、不太理想和不可取。最终的排名将包括所有类别，直到资金耗尽为止。第三种方法被称为单准则方法。这种方法被广泛认为是三种方法中最简单的一种。它最适合处理一个或多个性质相似的程序。该方法根据一个给定的标准来评估所有的决策包。这一标准可能是有效性、成本效益比、增长率或其他各种重要的衡量标准。在衡量了给定标准的性能后，决策包按优先级降序排列（切恩，1980）。这种方法忽略了那些被法律强制执行但根据所选择的标准表现不佳的项目。在排名过程完成后，将应用截止点，低于该截止点的项目将被重新评估，并可能根据它们的表现在排名上上升或下降。

5. 编制详细预算

基于零的预算编制过程的这一阶段是对前一阶段的延伸。在排名过程之后，资金将被用于在排名中得分足够高的决策包。在分配任何资金之前，这项拨款需要进行立法审查和可能的修改。如果立法拨款与预算请求之间存在较大差异，则根据各自的决策包排名作出必要的预算决定。如果削减涉及一个特定的项目领域，那么组织就可以确定相关的决策包，并进行适当的预算削减。

预算突出显示了每个项目和组织单位的已批准的决策包。决策包指定了每个项目和组织单位需要实现的适当的活动和绩效水平。这有助于本组织审查年度内的预算和业务结果。

6. 绩效评价

评估过程会评估和审查所提供的服务和项目所提供的好处。它重新评估计划的目标，并根据效率和有效性的关键衡量标准来审计其绩效。在进行绩效评估时，经理打算实现以下目标（切恩，1980）：（1）来验证该项目背后的目标的优点。（2）来确定是否存在任何可行的替代方案。（3）来确定所选方法的实用性。（4）为测量性能提供必要的定量标准。（5）保证方案提供的建议得到切实实施。

斯托尼奇（1977）提出了以下绩效评估方法：（1）对决策单位和排名单位的每月财务审查。这是传统的预算和实际支出的财务比较。它只关注扩大的成本。（2）审查每个决策单位和排名单位的季度产出。对实际产出与预计产出的审查是系统成功使用不可或缺的。性能测量构成了此评估的基础。（3）为决策单位和组织制定的季度（或临时）计划和预算修订。这些报告有助于协助决策者确定活动的重复情况，从而为联合执行冗余工作的单位提供机会。然后，管理层将开始编写建议，提出明年有效的修改和改进。主要目的应是识别和修改阻碍零基预算在其每个使用实例中尽可能作出贡献的方面。全面和客观的评价还必须包括与参与者的访谈，重点关注他们对过程的期望。这种从渠道中获得的见解将大大提高在后续预算周期中的零基预算过程的有效性。

傅志华等人提出（2020）从目前OECD成员国家的成功实践看，零基预算都是嫁接于绩效预算之上的。绩效预算所提供的信息（包括对方案的定义、绩效指标和目标的确定等）对开展支出审查、锁定低效率和化解公共风险等方面都非常有帮助。另外，考虑到政治等因素，有效的支出审查需要足够的证据支持，以应对来自利益相关部门和组织的反对，达到减少或重新分配支出的目的，而绩效数据就是其有力的支撑（见图3－2）。

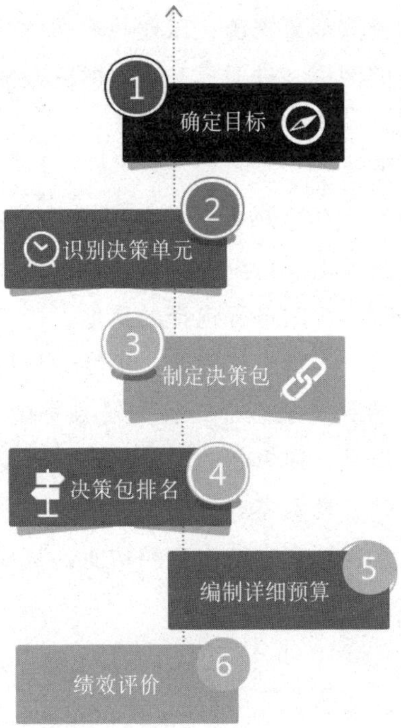

图3－2 加入绩效的链状流程模式

四、结合中期预算的零基预算程序改进

中期预算与零基预算都属于控制型预算，“中期规划（财政计划）＋零基预算”是最紧要的两类互补矫正机制（江月，2020）。中期预算的重

点在于筹划，为预算资源的配置拓展空间；零基预算与众不同的特点——总预算请求、绩效导向、预算支出安排的优先性，为修正预算结构僵化提供了一种尝试去克服渐进主义预算的模式。

（一）中期规划

中期规划的预算资源总量远大于年度预算，更重要的是中期财政框架（规划）将宝贵的展望意识引入预算、进而政府治理过程，使得财政政策变量（支出、收入、赤字和债务）从“预见”（会是多少）转换为需要被精心“筹划”变量，这个过程就是预算应对环境变化（如疫情、灾害）的过程。在预算的中期财政框架中松弛刚性支出，重赋预算交换能力，从而确保预算有充足的预算裁量资源，以便政府通过预算对环境变化带来的机遇和挑战做出快速的回应，进而提升政府的施政能力。

（二）总预算请求

这体现在“零基”二字，即重新检查决策单位的目标、活动和操作，预算支出以实际需要为准则。传统的增量预算有效地否定了决策者在增加一个项目与减少一个项目之间进行选择的余地，造成财政支出项目只增不减或存量不动只动增量，客观上使得新一年度的预算项目只能延续上一年度预算项目，破坏了预算竞争程序，丧失了预算的“筹划”能力。零基预算则是从实际情况出发，注重新的发展战略，恢复了预算编制过程的竞争程序，使预算支出贴合现实需求，彻底激活自由裁量支出部分、扩大了预算分配灵活性、强化预算支出结构交换功能，从根本上打破预算过度僵化局面。

（三）绩效导向

零基预算本身就融入了绩效导向预算，以绩效结果安排支出优先序，形成退出机制，拓展了预算资源的配置空间。传统的增量预算实质是投入预算体制，“只增不减”、“该减不减”，自由裁量支出递减，造成预算支出刚性增强、预算资金支出效率下降，未能将预算资源配置与公众关注的产出建立联系，最终影响预算回应性。零基预算，没有项目绩效测量，便无法进行支出项目优先序排列，从而无法完成预算资金的有效配置。因此，绩效导向是其应有之义。绩效导向的预算是产生理性的、基于成本效益的预算配置，从而与投入预算体制区别开来。从根本上讲，应对环境变化要求把焦点对准产出和成果，而非投入，这正是绩效导向预算的最大优势——关注怎样的产出和成果才是公众真正想要的。绩效导向预算强调预算资源与产出相联系，要求投入对产出负责，以达到与政府战略目标一致的目的，这也是提升预算回应性的制度改革。

（四）预算支出安排的优先性

这是零基预算的特点，也是基本要素之一。这是更高级别的管理者为来自所有下属决策单位的决策包建立优先权的过程。根据组织机构预算资源总量，对决策单位的所有决策包的优先性进行评价。能够在预算总额内被提供资金的决策包，是包括决策单位正式预算申请中的，而那些在“线下”决策包从预算申请中清理出去（泰勒，2006）。传统预算支出结构僵化，说明预算支出安排对固有的路径具有依赖性，政府预算能力不足、技术力量薄弱、依赖基数法，结果是资源配置不能体现国家政策目标的优先性及战略安排，政策难以落实，影响了预算这一治理工具作用的发挥。零基预算，根据国家政策重点确定支出优先顺序，按照部门事业发展目标的轻重缓急顺序编制预算，打破了预算资金分配的路径依赖，这个过程就是预算应对环境变化的过程。预算支出安排的优先性的实现，将国家整体战略与具体事业部门发展有机结合起来，确保预算资源配置体现国家政策目标的优先性与部门事业发展目标的一致。这样的制度安排在极大程度上为修复预算提供了可选择的路径。

第四章

争议核心：零基预算有效性与适用范围

这个世界上很少有一个预算理论方法像零基预算这样面对几十年不断的争议以及截然不同的评价，一方面在实践和理论上不断受到热捧和推崇；另一方面几十年的实践应用和改进依旧面临基本有效性的质疑。近年来，地方政府可用财力供给不足和大量财政资金沉淀并存的问题日益突出，在此背景下，零基预算作为一种改善渐进预算的理想模式被引入改革之中，但其实际效果如何有必要进行实践检验与评价。

一、国外关于零基预算有效性的研究与讨论

关于实施零基预算的实际效果、应用满意度、适应领域和范围研究的国外文献数量是大量的。问卷调查、统计分析等研究方法被广泛使用，虽未能得出一致结论，但在影响有效性的因素、适用范围等方面得出了一些有益的结论。

艾哈迈德（2007）使用问卷调查和了解文莱公共部门的员工如何看待零基预算对其组织的影响。这些调查问卷旨在回答几个与零基预算的实施相关的基本问题。这些问题如下：（1）员工对零基预算的熟悉程度如何？（2）在制定预算系统时，员工能得到多少支持？（3）如果采用零基预算，可能会带来什么好处和问题？这些员工的反馈得出结论，零基预算

将显著提高管理层做出有效和基于证据的管理决策的能力。答复者虽然承认零基预算的有效性，但也对与零基预算的实施有关的技术问题提出了关切，例如如何识别决策单位和决策包。

易卜拉欣等人（2017）分析博尔诺州零基预算的感知利益是否显著影响其采用。他们使用分层抽样技术，从 139 人中抽取 106 人，样本量为 106 人，由 28 个州的立法机构的 24 名常任秘书、61 名财政部的工作人员和 21 名预算和经济规划单位的工作人员组成。研究人员使用二元逻辑回归来预测零基预算的感知益处是否对零基预算的采用有显著影响。他们的分析结果表明，在博尔诺州采用零基预算受到其感知利益的影响。

Reed（1985）通过向实施了零基预算的得克萨斯州的公共机构的预算机构分发一份问卷，探讨了在零基预算实施后对零基预算的看法。这些调查问卷在零基预算实施后的一年内得到了答复。该调查的主要目的之一是确定倾向于主张为其机构扩大预算的预算主管与倾向于削减预算的立法者或分析人士之间的意见分歧。该研究得出的结论是，大多数预算倡导者从零基预算中看到的切实利益较少，这与立法者和分析师的观点形成了鲜明对比，他们看到了明显更积极的结果。然而，一方面，预算倡导者确实承认，零基预算鼓励管理者更多地参与预算过程，但也警告说，零基预算利用了他们的大量时间。另一方面，立法者强烈认为，零基预算允许在参与预算制定的各方之间更有效地传播有关组织运作的信息。除此之外，他们认为零基预算通过在机构职能部门之间调动人员和财政资源来提高凝聚力，并避免发生浪费和重复业务的情况。他们还看到，零基预算的实施导致了各机构对现有项目的资助，更符合目前的努力水平。

谢尔卡和迪恩（1980）在联邦政府引入的第一年监督了对零基预算方法的优缺点的全面评估。调查问卷被分布在不同的机构之间，以测试他们的假设。建立的一套模型有 11 个主要标准，以测试该标准的适用性。零基预算处理并衡量其在各机构之间的绩效。设计了一个基于分数的模型来评估零基预算在每个机构内部以及整个联邦政府中的有效性。零基预算的三个方面的结果按每个方面获得最大利益的程度进行排序。首先，机构项目的优先级排名具有很大的权重；其次，是零基预算转化为增加管理层的参与决策过程的程度；再次，是在项目内部和项目之间进行权衡。研究发现，采用零基预算导致了管理人员参与预算过程的人数显著增加。这导致了各级管理层之间更紧密的联系，以及对各种项目的目标和优先级更加清晰。使用零基预算并没有显著降低成本，但确实将资源转移到具有最高优先级的活动上。成本效益分析强调了“平等”，因此，更优先的活动从该组织的财政池中得到了适当的份额。与其他研究的结论相一致，联邦政府的共识是，零基预算需要他们过多的时间。

韦瑟比和蒙塔纳里（1981）做出了相当大的努力，将零基预算纳入到公司的规划过程中。在三所大学分析了与计算机中心有关的数据，其中一个计算机中心作为测试组，其余两所作为对照组。研究的结果为将零基预算整合到企业的规划框架中提供了有力的依据。

博伊德（1982）从塔尔顿州立大学预算数据跨越两年零基预算运行年度，使用一个标准比较与前 8 年的预算数据，比较非零基预算和零基预算系统。采用最小二乘回归线计算最适合的确定线，分析一个 8 年非基于零基预算的预算系统。然后预测在未来两年内，以预测如果标准预算制度继续运作，理论预算分配会是多少。计算了 13 个地区中每个地区的估计数的标准误差。投影数据然后将与其从两个零年收集的实际预算数据进行比较，以确定资金是否发生了任何统计上显著的资金变化。统计学上显著的变化被定义为大于计算平均值的两个标准差的变化，在这种情况下，被定义为预测回归线。这些从 1968 年到 1977 年 10 年的数据得出结论说，零基预算对得克萨斯州立大学的预算资金分配没有统计上的显著影响。

摩尔（1980）回顾了美国 35 个城市采用零基预算方法的城市的经验。向 425 个城市发放了问卷，其中收到 205 个答复。在得到答复的 205 个城市中，有 35 个城市在过去或目前正在采用零基方法来设计其预算。该研究报告称，与非市政司法管辖区的立法机构相比，市议会参与这一过程的行为似乎更为不确定。受访者还认为，零基预算成功地显著减少了一些预算分配，并设法减缓了其他预算分配的增长率。根据其他研究的结果，观察到各级管理人员更多地参与了预算编制过程。报告总结认为零基预算的最大的缺点是由此要求大量的文书工作，零基预算过程的耗时性质几乎无法改变。

米米尔和赫尔曼森（1976 年）试图评估乔治亚州政府中零基预算程序的有效性。调查问卷分发给部门主管和预算分析师，以收集他们在州政府财政中应用零基预算的经验作为基础，还尽可能地进行了采访。大多数被询问的部门负责人表示不同意在没有事先投入的情况下引入零基预算。在受调查的人中，15% 的人表示重新分配国家资金是使用零基预算的直接结果。预算分析师认为，州政府对零基预算的经验相对积极，52%的受访者报告部门负责人们更积极地参与预算过程；68%的人报告说，管理人员作出关键预算决定的信息质量有显著改善。该研究背后的作者指出，与传统的预算方法相比，部署零基预算有三个主要优势：首先，与传统的预算编制方法相比，零基预算拥有的第一个改进点是创建财务规划过程，它指导财政年度预算的设计。这一进程需要充分承认国家有限的财政资源，并旨在确保这些稀缺的资源是如何按照国家最重要的目标方向需要，以尽可能最好的方式进行分配。其次，作者强调，由于零基预算的使用，各级管理人员和分析人员都可获得的管理信息的质量有了显著的提高。零基预算为管理者和分析师提供的管理信息的清晰性和全面性的改善，使他们对州政府项目的有效性提供了更多的了解。最后，作者认为，零基预算的使用引导管理者对预算过程采取了更积极主动、前瞻性的方法。这是由于零基预算对管理者的要求，例如要求管理层按优先级顺序设计和排序决策包，从而增加了对预算准备过程的投入。与许多研究的发现一样，作者承认，在乔治亚州使用零基预算，由于准备详细的、合理的预算决策包需要大量的时间和工作，给员工带来了越来越大的压力。然而，这个缺点是零基预算的一个可预测的方面，因为是零基预算所固有的更高程度的规划细节所要求。

托马斯、普劳斯（2014）针对佐治亚州实施新零基预算的前两年的实际效果的考察中发现，零基预算审查对预算的削减作用从总量上看不太显著，主要原因在于州政府已经在2008—2010年削减了部门预算中的大部分冗余资金，已很难再审查出重复支出或淘汰过时项目；但是，支出结构的调整还是表现得较为明显。2013年相关项目的预算总额略有减少；2014年结构调整较为显著，如教育部门接受新零基预算审查的23个项目当中，有11个项目的预算同比有所下降，其中9个项目的州预算减少，1个项目的州预算和总预算同时减少，还有1个项目的州预算减少但总预算增加；10个项目的预算同比有所增长，其余2个项目维持不变。新零基预算对预算的控制功能其实已经不再那么重要，重要的是它能够表明州政府在财政问题上的保守态度。

马拉姆·阿里（2018）为确定在沙特政府部门实施零基预算的有效性。采用了描述性分析方法，通过准备一份经过深思熟虑的调查问卷，该调查问卷在公共组织中负责预算编制的高管样本中分发。研究的结果支持在沙特政府部门的公共组织中实施零基预算的有效性。研究结果表明，实施零基预算的最重要优势是减少资源浪费和公共组织的巨额资金分配。然而，这受到了培训人力资源以进行零基预算编制的主要需求的限制。根据愿景（2030），研究人员建议进一步研究在政府部门的预算编制过程中实施的一般预算编制方法，并在此过程中提出新的活动和计划。首先，让负责预算的主管了解最新的预算编制新概念的发展和实施；其次，为员工制定与预算编制相关的持续专业计划和实施；最后，不断提高公共组织中与预算和预算编制有关的新的和现有的人力资源知识。

二、国内关于零基预算有效性的研究和讨论

部分学者肯定零基预算及其在我国实施的积极意义。朱柏铭（2010）认为，真正意义上的部门预算必须以零基预算为基础。马骏和叶娟丽（2004）通过对零基预算在美国的实施情况的分析认为零基预算在美国的实施是失败的，但由于政治性交易费用和不可控制的“权利型预算”支出规模偏低，零基预算在中国成功的机会可能要比美国大得多。杨广勇等（2019）基于珠海市 A 区 2013—2018 年部门预算公开数据，发现零基预算改革前后，项目支出结构在数量精简和资金整合上均发生积极变化，但部门预算整体支出和项目支出的绝对规模均未实现大幅压减，预算结果仍表现出较强的渐进增长特征，且项目支出更为显著；改革前后两年间部门预算份额的 Pearson /Spearman 相关系数在 0.95 以上，表明预算结果在改革的冲击下仍保持较强的稳定性。零基预算实施面临着支出标准与分类体系不健全、绩效数据缺失以及配套体系支撑不足等问题。金田等（2022）基于 A 大学 2016—2019 年校级预算改革数据，运用 CITS 模型评估发现零基预算改革显著推进了全年预算执行进度，但预算规模扩张问题和支出习惯并未明显改善，零基预算改革面临院校两级事权财权不统一、预算工作量大、绩效预算评价不足的问题。鉴于此，为进一步健全高校预算管理应推进院校两级预算和收入分配政策，加快财务信息化建设，打破数据孤岛，采取零基预算、全面预算与绩效预算相结合的方式，协同提升高校预算资金效率。

而有的学者认为零基预算的效果有限。刘尚希（2002）认为基数预算以“过去”为基础，容易导致偏差累积，进而影响公共支出的精准性；零基预算则是以“现在”为基础，也容易造成对未来趋势的忽视，造成

新的偏差。李玲（2015）指出，迄今为止，我国推行零基预算也并未取得较为显著的成果，零基预算本身虽然具备较多优势，但是它还无法替代基数预算。马蔡琛和苗珊（2018）指出，我国零基预算仅对专项经费预算产生影响，并且财力紧张、任务繁重等因素导致这一影响不大。

三、零基预算适用范围的研究与讨论

尽管越来越受欢迎和感兴趣，但综合完整的零基预算循环对于大多数组织来说，都不是一个具有成本效益的选择。然而，零基预算组件和理论在特定情况下可能在特定部门有用（德勤，2016）。

（一）适用于特定经费类型

苏弗和布朗（1977）认为，零基预算最适用于间接费用活动，其中服务、支持和差旅费用通常没有得到有效管理（哈顿，2013）。另外，达菲（1989）指出，零基预算“最好适用于预算中的行政、技术和商业部分”。例如，围绕管理、营销和销售、研发以及涉及维护、监督、工程和设计的生产支持服务的开销是适用的领域（罗斯，2018）。事实上，阿特里尔和麦克拉尼（2015）指出，零基预算最适合自由支配预算；Ross（2018）补充说，在非营利组织和政府组织中的作用更为直接。

预算编制人员可以将零基预算应用于任何类型的成本（德勤，2016）：资本支出；运营费用；销售成本、一般成本和管理成本；营销成本；可变分配；或销售商品的成本。如果成功，零基预算将产生根本性的储蓄，并将组织从根深蒂固的部门预算历史中解放出来。对于那些希望通过改进的成本管理来释放资本、实现增长的组织，零基预算提供了降低成本的诱人可能性，同时以运营效率的形式带来额外的价值。在最好的情况下，零基预算可能会在6个月内将销售和管理成本降低10%—25%。这种潜在的影响在公共部门尤其明显，在理论上，零基预算可以鼓励国会只为必要和有效的项目买单，而不是批准自动增加政府支出。

（二）适应于不同的组织阶段

进行合并和收购阶段的组织可以利用零基预算来更好地分配资源，并为增强可持续性的关键业务计划提供资金（布罗克，2009）。虽然合并和收购会导致成功的组织扩张，但糟糕的财务预算会对公司的利润和股价产生负面的影响（斯顿达，2014）。因此，辨别财务建议的使用是至关重要的，因为管理者需要以深刻的市场前景战略性地创造价值（庄，2017）。

亚洲商业银行认为零基预算适用于基础脆弱的组织环节。亚洲的银行管理层首先选择一个试点区域，并从中了解在将其推广到所有活动、地区和分支机构之前所经历的困难。最高管理人员会在某些脆弱的活动和区域引入零基预算，这些区域的绩效没有达到预期水平或怀疑的成本过高。甚至在试行试点实施之前，管理层就必须确保有广泛的工作基础，以便所有管理级别都在智力和情感上接受该系统。

（三）适应于特殊部门或组织

零基预算适用于政府资金最大份额的项目和机构。德勤公司认为，对于节约成本与支出潜在的影响在公共部门尤其明显，在理论上，ZBB 可以鼓励国会只为必要和有效的项目买单，而不是批准自动增加政府支出。以美国为例，虽然 2016 年的国防开支最初设定为 5230 亿美元，但国会的支持增加支出曾使当年的国防资金总额达到 6190 亿美元。这 960 亿美元的增加是在上一项预算的基础上进行，无须对以前的需求或优先事项的任何波动进行调整。如果政府机构在增加支出之前积极寻求准确的基本预算，就可以更有效地分配额外的资金。

更适用于地方一级或规模较小的企业部门预算管理。格鲁吉亚的零基预算改革中就提出了这一个问题，即从哪一个财务方案编制层次开始采用新的零基预算编制更为合适。显然，格鲁吉亚的经验表明在中央（联邦）一级采用新的方案编制方式将面临一些严重的限制，即无法削减或修订受法律保护的支出项目。例如，在公共福利和保健领域的公共方案中，情况就是如此。最有可能的是，由于大多数国家缺乏实施零基预算编制的经验，应该从地方一级开始，选择最适合测试零基预算编制新方法的市政实体。对于较小的机构和非营利组织，在选定的功能基础上采用 ZBB 实践更为普遍和实用，因为它允许他们瞄准需要的领域，并在定制的时间间隔内为特定的结果投入有限的资源。

适用于目标期限更长的组织机构。“与典型的私募股权公司不同，3G 的创始人喜欢投资的时间标准比五年更长，七年的时间框架。”（贝恩，2020）这允许更系统地实施零基预算。

第五章

危机与对策：零基预算在国外的起源与新实践

零基预算被公认具有削减支出的极大潜力，是控制压缩支出规模的绝佳工具。50 年的实践也表明，从 20 世纪 60—70 年代零基预算的起源，到 2008 年前后零基预算得到越来越多的关注再度复兴，乃至近些年不断创新的零基预算新实践，都在说明同一个事实：在经济不景气、财政收支矛盾突出的时期，零基预算往往就会回到人们视野，得到更多的关注。

一、主要发达国家零基预算经验总结

（一）美国开展零基预算的实践做法与经验总结

美国零基预算改革主要划分为两个阶段：第一个阶段是 20 世纪 70 年代至 90 年代的传统零基预算。第二阶段是 2008 年金融危机之后融入绩效理念的新型零基预算。两个阶段都与经济和财政危机密切相关。

1. 主要背景与做法

传统零基预算阶段：20 世纪 70 年代初期，随着第二次世界大战后经济繁荣的消退，加上两次石油危机的冲击，经济低增长成为了美国等西方国家的常态现象。同时，由于长期奉行凯恩斯主义，美国等国家的公共部门却在稳步膨胀，其直接后果就是造成了政府支出占 GDP 的比重急剧上升，财政赤字水平不断攀升。战后至1981年为止的36个财政年度，有27个财政年度有赤字。政府预算内的财政赤字在1976年和1981年分别创下了694亿美元和739亿美元的历史新高。在1970年至1979年的10年中，政府的财政赤字预算达5128亿美元。为了弥补财政赤字，美国政府还发行了大量的国债。1970年国债额为370亿美元，1975年国债额为5332亿美元，1980年国债发行额达到9077亿美元。人均负担的国债额从1960年的1572美元增加到1980年的3985美元。联邦政府每年为国债付出的利息也从1960年的92亿美元增加到1980年的749亿美元；利息约占每年联邦支出的10%左右。为了应对持续恶化的经济和财政状况，美国等OECD成员国家开展了预算改革为核心的财政改革，零基预算改革即是在20世纪60—70年代引入，以出乎意料的速度在美国传播发展。

美国零基预算的最早做法来自于私营部门的得克萨斯仪器公司，该公司通过使用零基预算方法更为合理、有效地分配资源，并受到了时任美国佐治亚州州长吉米·卡特的高度认同，并决定1972年的财政年度开始将零基预算编制法在佐治亚州的65个行政部门实行，随后，美国的蒙大拿州、阿肯色州、加利福尼亚州等25个地方州政府先后也在政府部门实行零基预算编制方法。

1977年，吉米·卡特宣誓就任美国第39任总统，卡特总统在任职期间，一是减税以刺激经济上升；二是拨款举办公共服务事业，以增加临时工作位置。虽然起到了一定的积极作用，但却扩大了预算赤字，从而加剧了美国依然存在的通货膨胀，以至于1978年又出现“双位数”的通货膨胀率。通货膨胀的上升导致卡特政府不得不将重点重新转移到治理通货膨胀上，采用紧缩的货币政策，联邦基金利率在20世纪70年代末甚至超过了10%。由于零基预算在佐治亚州取得较为成功的经验，卡特在竞选总统时即提出了胜任总统后在联邦政府推广零基预算编制法；卡特胜任总统后，联邦政府决定从1978—1979财政年度其全面采用零基预算法编制预算，要求所有的预算申请都从零加以审核。1982年，美国大致约18个州采用了零基预算编制法。虽然一开始很受欢迎，但ZBB被证明不仅复杂和耗时，但也无效，因为是国会和行政部门最终负责决定是保留还是取消一个项目。此外，总统预算办公室使用了ZBB的一种变体，因为各机构被要求将他们的项目排名在资金限制范围内。这迫使各机构确定优先事项，并确定可能的削减数额。然而，这意味着这些机构不会像ZBB所建议的那样从真正的零基数开始，而是从“优先基数”开始（例如，本年度的80%—85%）。

1981年，罗纳德·里根就任美国第40任总统，里根总统认可零基预算所具备的削减公共支出费用的手段，但由于政治上的考虑，里根政府废止了零基预算。1993年，美国国会颁布了《政府绩效与结果法案》，开始全面采用新的绩效预算编制方法。这一阶段零基预算的主要做法是：一是确立零基预算决策单位。包括一项计划、一个活动和一个组织。二是建立决策包。确定决策单位采用不同政府资金数量履行特定职能的各种方案或计划，以反映各政府部门或单位活动的服务水平。三是决策包进行排序。按照决策包的重要程度，决定可分到资金的一揽子决策以及哪些决策不能分配到资金。

新零基预算阶段：随着美国预算制度的改革发展，逐步建立起了现代政府预算体系，尤其是1993年绩效预算的推开，促使了以佐治亚州为代表的各州零基预算的优化。佐治亚州在20世纪80年代联邦政府放弃零基预算模式以来，经历了多次预算改革，多少都存在零基预算改革的影子，如20世纪90年代的“预算再定向”（budget redirection）改革，通过支出结构调整，将部分财政资金优先分配、集中财力到政府认为更为重要的部门或项目；如结果导向预算（result - based budgeting），将预算审议重点从投入转入产出，要求每个项目明确下一年度的目标与预期效果；再如优先项目预算（prioritized program budgeting），结合预算机构的战略计划，对机构项目的需求、效率和效果进行测算与描述。可以看出，佐治亚州的预算改革延续了零基预算改革一贯的排序思路，并从零开始计算项目投入，也符合零基预算的核心内容。

进入21世纪，零基预算经历了公共部门和私营部门的兴趣复苏。在公共部门，这主要源于2008年衰退导致的当代财政紧缩。面对预算削减和公众监督的增加，政府机构一直在使用可替代的预算方法（如零基预算），而不是更传统的预算方法（如细列项目和增量预算）。政府财政官员协会（GFOA）的一项调查显示，超过20%的受访者正在使用零基预算或零基预算的组成部分，与2008年衰退前相比增加了50%。尽管降低成本寻求释放资本，以投资更具有增长性机会，是私营公司的一种历史常见策略，但私营部门的限制性预算做法也有所增加。对于报告自2008年衰退以来，波动性和不确定性高于平均水平的85%的首席财务官来说，包括零基预算及其组成部分在内的限制性预算是一个通过积极降低成本以支持增长，同时重新评估短期和长期战略，寻求降低风险的机会。

2008 年金融危机美国经济再次陷入低迷，政府财政收入也陷入实质性的负增长。2003—2006 年美国房地产市场呈现出畸形的繁荣，金融衍生产品大量产生，金融泡沫愈演愈烈，2007 年美国爆发次贷危机，资金链断裂，银行不断破产，国际债务飙升，导致 2008 年美国以及全世界陷入自 1929—1933 年经济大危机以来最严重的经济危机，世界经济衰退，失业率高涨，社会动荡。美国政府收支规模有限情况下开始削减预算，以佐治亚州为代表的州开始重新实施零基预算。在解决了预算部门接受零基预算审查的频率和对拟审查部门和项目的选择权两个问题达成一致后，佐治亚州制定了《零基预算法案》，要求从 2014 财政年度开始各州行政机构实施零基预算，零基预算在时隔 30 年后重新回到佐治亚州的预算体系。新零基预算与传统零基预算的最大区别在于借助已发展成熟的绩效评价体系，具体来看，州政府预算管理与规划办公室通过一系列具体措施实施新零基预算，对存续项目和新项目进行审查：一是识别和评价机构的“关键活动”，识别其政策目的、目标人群、要求推开活动的成本，对该项目和活动的重要性和必要性进行阐释，及评估开展项目活动的同等方法优劣势。二是设定绩效指标评价项目活动。对关键项目的工作量、工作效率和工作成效开展清晰、合理、可靠的描述分析。三是项目的费用与成本分析。预算单位提供最近两年约 10 个标准分类和特定分类下的人员费用与运营支出，供审查者对项目的成本效益和投资收益进行评估。四是汇总分析结果，指出分析结果中的优点与不足，以便制定改进项目方案。五是识别提供服务的替代方法，指出项目可改进的方向与项目资金增减方案。

20 世纪 70 年代的开始进行，到 20 世纪 80 年代的淡出视线，一时的成功最终被《政府绩效与结果法案》的绩效预算编制方法所取代，到 2008 年后被重提，以及以佐治亚州为代表的新零基预算实践，美国零基预算发展可谓一波三折，十年一进步、十年一退步，似乎绘画出一条倒“U”形的改革魅力曲线。我们可以清晰地看到零基预算的发展变化是伴随思想意识的转变、执政者的支持及最终运用的不力导致了这项科学预算编制方法的萌芽、发生、实施与没落。尽管如此，但这并不代表这种编制方法的失败，目前美国航空总署、环保部和部分地方政府等仍然在使用零基预算，这说明零基预算的生命活力还在，归咎暂时失败的原因主要在于技术和管理能力的挑战。

2. 面临的难点与成功经验

美国零基预算的实施过程也面临如下问题：

一是传统的零基预算编制阶段。这一阶段，是美国零基预算初期的开展，较为科学、合理地将预算资金用于较为重要计划的实施与推进，一定程度上优化了资金的分配，提高了资金的使用效率。但是，由于美国的通货膨胀十分严重，财政压力较大，相应的零基预算配套措施还不成熟，导致了部分采用零基预算的州和城市未能较好地改善财政赤字情况与政府服务状况。但改革过程中也面临了不少难点与问题：第一，传统的零基预算要求管理者每年从零开始，每年重新审查预算各个细节，这使得政府人员有限的部门工作量加大，也需要填写更多的书面材料，零基预算使预算编制的技术性要求提高，大大降低了零基预算的实用性。第二，传统的零基预算阻碍了创新。大多数预算制定者都十分担忧基础项目的保留问题，因此，对项目的审查基本不会有较大改变；而部分预算制定者十分担心项目的资金无法延续，资金的使用者也就放弃项目的创新追求。第三，受政治、法律方面的约束，传统的零基预算编制效率降低。实践中的项目多数背后受到很强的政治支持，美国实行的三权分立制度，权利相互制衡，预算决策权相对分散，各方政治力量都希望能在预算中谋求利益，由于预算的不透明与法律的不健全，“权利型”支出在预算中常见，传统的基于决策包技术的优先排序方法很难影响此类项目的拨款，因此无疑对零基预算的推进造成极大阻碍。第四，受理性决策原则影响，传统零基预算的编制容易产生寻租行为。传统的零基预算主要是部门实施预算编制，很容易充满主观色彩和寻租行为，决策的理性很难建立。第五，跨年度、连续性的支出项目，传统的零基预算编制法不适用。由于预算的中期理念尚不成熟，传统的零基预算只能适用于各年投入、产出缺乏因果关系的项目，长期、跨年度的项目很难适用。

二是新型的零基预算编制阶段——零基 + 绩效预算的融合。2008 年之后的新零基预算核心步骤是项目审查者与各部门预算人员围绕绩效评价的互动。新零基预算更加侧重于对绩效评价的运用，通过评价结果决定预算资金的分配。审查过程中，预算机构人员需要清晰、详尽地回应其预算报告，新零基预算充分利用了绩效评价结果，促进了政府部门资金的节约，有力地提高了资金使用的识别空间。同时，针对传统零基预算被预算部门广为诟病的审查频率过多，被审查部门和项目的选择问题上新零基预算采取了设定年抽查频率、抽查时效、抽查部门的规定，具体通过每年10%的项目抽查频率，众议院预算办公室、参议院预算和评估办公室和州政府预算与规划办公室合作8—10年实行对所有项目一次性零基预算审查的办法。

（二）其他代表性OECD成员国运用零基预算理念的实践做法与经验总结

1. 主要背景与做法

20世纪80年代开始，随着全球化、信息化以及知识经济时代的来临，OECD成员国相继掀起了一场与市场经济改革相呼应的政府改革运动，尽管各国的政府改革起因、改革战略、改革规模和改革力度有所不同，但基本取向都以采用商业化的管理理论、方法及技术，通过引入市场竞争机制提高政府的公共管理服务水平及质量，这次改革被称为“新公共管理”运动。在“新公共管理”运动中，以英国、澳大利亚、新西兰等为代表的OECD成员国开始认识到，传统的预算管理模式存在严重缺陷、已无力对支出机构的额外支出需求施加有效控制，最终导致公共支出总量超过财政收入，为了推进政府“瘦身”和实施“政府再造”以追求财政平衡，这些国家发起了新的政府预算管理改革，改革的重点倾向于加强支出控制和硬预算约束下分配资源，其中，以中期预算改革、产出与结果控制的绩效预算改革势头明显；尤其是2008年金融危机后财政紧缩环境下，英国、澳大利亚、新西兰等OECD成员国又对零基预算进行了新探索，带有零基预算性质的支出审查在这些国家迅速推广，支出审查与零基预算的理念和核心策略相契合，强调对基准支出进行系统和深入审查，以发掘并削减无效和非优先支出，进而节约预算资金、提升政府资金支出效率。

英国实行以中期财政规划为主的定期支出审查机制。英国的支出审查是每2—5年开展一次，届时财政部会依据政府项目优先次序开展审查工作，并根据每个部门设定规定年度内的最高支出限额，以保证财政资金的可持续性和成本效益的最优化。之后，每年的预算审核及拨款评估中，部门支出限额会做出调整，以反映公共风险及政策优先级的变化。在支出限额框架下，主要政府部门将制定“单一部门计划”，其中包括工作计划及用于反映年度表现的业绩指标等。对于涉及部门的领域，计划中需制定各部门的职责范围及与其他部门的联合责任范围。每年的计划都会根据部门职责或优先事项的变化进行修订。为强化监督，各部门还会将该计划细化，以便部门领导管理，且执行期间也会体现在财政年度末的报告中，政府也会定期发布绩效监控的信息，以提升财政信息的透明度。

澳大利亚以“事前评估制度”实施支出审查。20 世纪 70 年代开始，澳大利亚开展了以滚动方法为基础的事前评估机制，评估当前财政年度之后的三年支出水平与构成。20 世纪 80 年代中期建立了支出审查委员会，委员会是内阁下属的委员会，包括了首相、财政部长和高级部门的部长，具体实施中，财政部门与各部门就已有政策与项目、新的政策和项目进行估测与协商，明确定期更新事前评估责任，确定事前评估期间的预计成本，以反映各项目的经济参数变化、技术变量与对政府决策的影响。同时，政府要求公布事前评估中各项政策、项目的三年成本，旨在确保决策者在决策时更清楚地意识到未来责任，并向国会与公众更好地提供关于预算的真实情况、公共支出的规模及重点信息。在政策或项目在实施开展中如存在决策变化，需要在未来年度的预算文件中加以解释，预算估测也要与上一年的事前估测协调一致。事前评估机制的设立为战略性的预算决策提供了评估框架，也为管理决策所要求的资金安排可预测性。

新西兰实行以产出为基础、重视结果绩效的战略计划和资源配置结合的完整预算管理体系。新西兰是世界上最早在政府会计和政府预算中引入权责发生制的国家，也是 OECD 成员国预算改革创新中最为彻底和代表性的国家，其原因主要在于新西兰运用零基预算理念开展的预算管理改革主要是充分运用绩效评估、中期财政战略和独特的财务管理方式。一是明确了投入、产出和结果的绩效评估方式。明确了预算投入是带来产出的基本成本，产出是部门或第三方提供的产品和服务，结果是政府对公众重要的活动和数字结果。二是结合中期战略管理确定优先排序。1994 年开始，新西兰预算改革要求政府确定长远战略目标，并将这些战略优先顺序进行排列说明政府政策的大致方向，进而通过政府的总规划进一步落实部门的战略计划，将宏观战略和部门具体战略相衔接。三是创新财务管理模式。新西兰政府开始放松以控制预算投入为核心的传统预算模式，采取强调实现目标而不是严格监督、分行罗列的支出预算体系。同时，为反映生产产品和服务过程中的真实成本，开始运用完全的权责发生制会计取代传统的收付实现制会计，最终建立一个以产出为基础、重视结果绩效的战略计划和资源配置相结合的完整财务管理体系。

2. 面临的难点与成功经验

主要代表性 OECD 成员国的国外实践表明，各国对零基预算的探索主要是运用零基预算的理念，通过部门优先支出审查形式，结合中期支出框架的实施，推进绩效预算管理的实施与完善。具体来看，各国政府零基预算理念的运用主要体现在利用支出审查工具整合、削减预算，并调整支出以使其与关键政策优先次序保持一致，从而达到扩大政府可用财政空间、为重点政策提供资金的目的。其中，支出审查的优先排序作为零基预算理念的运用重点与难点，绩效评估技术、事前评估机制和中期财政支出框架的引入是主要 OECD 成员国优化支出审查管理的重要方法与经验。

一是支出审查的优先排序引入绩效方法。英国、澳大利亚和新西兰的支出审查经验表明，零基预算理念都是嫁接于绩效预算之上的，OECD 成员国普遍采用的支出审查实际是绩效预算的重要组成部分。绩效预算提供的绩效指标与方法、目标的确定对开展支出审查、排除效率低的方案十分有益。通过绩效信息的引入，有助于提供足够的证据支持辅助支出审查，以压倒来自利益相关部门和组织的反对，达到减少或重新分配的目的。同时，两者的融合更有助于体现支出审查在审视支出目的和价值的优势，通过对原有项目的重新排序和精简为新的优先支出事项腾挪财政空间。

二是“事前评估机制”构建“防患于未然”。零基预算理念要求对支出价值进行判别，这就需要设立判断标准，以否定或肯定一项支出，而资源涉及再分配就会难以避免各利益部门的纷争，通过“事前评估机制”的设定，利用运行成本评估环节，帮助职能部门在进行中期预测的预算限制内为管理人员和行政资源提供了相当大的灵活性，有效地消除了部门之间每年在财政资金提供方面的博弈，促进了财政部门与职能部门的信任沟通。事前评估机制也帮助澳大利亚财政部承担起类似银行的作用，这一点可通过澳大利亚税收制度现代化的案例加以说明，通过事前成本评估，澳大利亚的税务部门可以使用节省的结余资金进行投资，在预算困难年度还可根据投资产生的结余而减少税务部门的运行成本。

三是中期支出框架的构建需要较为全面完整的预算信息。中期支出框架的实施在数据、人员和执行方面的要求都比较高，在执行过程中如果处理不当，很容易造成资金的浪费。因此，国外中期财政规划作为所有事项优先排序的总量控制，其逐步完善实施对于预算的涉及必须全面，需要将政府所有的收入和支出以及对财政状况具有现时或未来影响的决策，如或有负债、贷款、税收支出和准财政支出等支出全部纳入预算。实践表明，如果预算中缺少某些重大支出，就无法确保将预算资源分配给优先项目，也无法保障法律控制和受托责任的落实，如存在未列入预算的支出势必会增加宏观经济规划的难度，从而削弱预算透明度，造成腐败与浪费的风险，中期支出框架也就难以为零基预算的开展提供支撑。

二、部分发展中国家和公共部门零基预算实践

（一）格鲁吉亚

1. 主要背景与做法

在中断了大约三十年之后，在 2012 年格鲁吉亚重新引入零基预算，然而引入的是这种预算编制方式的新版本，研究了设计、实施新的零基预算的前提条件及其实施过程。格鲁吉亚没有为三个供资级别开发一揽子解决方案，也没有对一揽子解决方案进行排序，也没有确定优先一揽子解决方案的截断界限，更没有制定一揽子解决方案。只是对拟议的国家方案活动进行了详细分析，对照其目标、既定支出承诺和方案预期成果对其进行了详细分析。

格鲁吉亚国家当局确定了其国家方案的关键活动，并解释了为什么该方案及其主要活动是关键和必要的以及是否有其他方式根据拟议方案提供公共服务。新方法的一个重要区别是，对方案活动的审查采用了不同的方法来分析方案的有效性。此外，只有 10% 的政府计划需要修改。没有分析方案有效性的方法尽管预算拨款有所增加，但方案筹资仍将得到改善。

最初的零基预算编制是以复杂和独特的预算编制程序为基础。新的零基预算编制被理解为一个公共当局在不依赖预算决定历史依据的情况下修订方案预算的综合努力。与 20 世纪 70 年代不同的是，方案预算的审查和编制并不是一个复杂而独特的过程。换言之，传统方法和新方法都假定需要修订方案预算，但新方法的劳动密集度较低，因为它侧重于修订方案活动，而不是替代预算。在格鲁吉亚制定的新方法侧重于在修订预算时对方案的影响进行分析，以查明重复活动和财政损失。事实上，新的预算反映了共和党保守的财政哲学。

2013 年格鲁吉亚通过新的零基预算编制，对 35 个国家方案进行了修订。因此，预算损失减少了 890 万美元。这占格鲁吉亚国家预算的 0.046%。一方面，这些结果似乎不大；但另一方面，如果看看 2013 年这 10% 的国家计划的预算拨款数，因此，等同于优化了 5.957 亿美元的预算，占格鲁吉亚国家预算的 1.49%。格鲁吉亚公共行政领域的分析人士强调，采用新的零基预算编制等资金规划方式不仅有助于保持预算资金，而且有助于确定未来的财政政策（见表 5-1）。

表 5-1　　格鲁吉亚与卡特政府零基预算改革的比较

比较准则	卡特总统时代	格鲁吉亚经验
每年审查的政府方案数目	全部	10%
目标	开发解决方案包	方案活动的拟订和分析
有无三个供资级别方案的存在	有	无
方案有效性分析方法的可用性	无	有

2. 面临的难点与成功经验

格鲁吉亚的经验对世界上发达国家曾经广泛采用的办法进行了调整，依据当前和自身情况加以修订、改进和促进作用发挥。新的零基预算编制依赖于评估政府方案绩效的现有程序，而不是审查方案预算的复杂程序。新的零基预算编制是一种更具意识形态敏感性的削减预算办法。

为了在预算和财务方案编制系统中制定新的零基预算编制，必须考虑到各级政府在实施成果预算制原则方面所面临的挑战。此外，评估官僚机构是否增长至关重要，因为零基预算也可能导致公务员人数的减少。换言之，新的零基预算必须依靠解决实施国家计划的关键问题。一项原则将保持不变，即每年审查政府方案的供资情况。

新方法的影响在微观一级更为明显。如实践所示，在格鲁吉亚，如果从预算削减的角度来看，新方法的影响在微观一级更为明显，而预算削减正是用于正在审查的方案。然而，如果考虑到更重要的结果是公共行政人员的预算诚信，减少的预算损失可能并不重要。正如格鲁吉亚的经验所表明的那样，这种方法有助于优化国家方案的预算拨款。目前，世界大多数国家普遍困难的经济形势刺激了其他国家方案编制方法的要素的转移，这些方法允许在不损失所提供服务的数量和质量的情况下合理地削减预算拨款，并确定财政损失的原因。

（二）南非

1. 主要背景与做法

南非自 2008 年金融危机以来一直处于过紧日子的状态，从而摸索出一套在控支出中求发展的方法。新冠肺炎疫情发生之前，主要措施是设置支出上限、控制工资增长、调整公共支出优先次序、制止贪污浪费等。

COVID－19 大流行病暴发之时，南非的财政状况已经相当脆弱，疫情导致财政状况加速恶化。在 2020—2021 财年，预计税收收入将大幅低于预期，而随着政府重新调整优先次序并分配资金遏制新型冠状病毒肺炎（以下简称新冠肺炎）——COVID－19，支出将会增加，因而主体预算赤字和借款总额将大幅增加。税收收入明显疲软，2020—2021 财年的税收缺口为 3041 亿兰特。COVID－19 的余波导致年度收入预期前所未有地下降。随着企业倒闭和失业，预计税基会暂时收缩，改善税收征管将是实现财政收入稳定的关键。税收与 GDP 之比预计将比 2008 年全球金融危机期间更糟糕。南非 2020 年主体预算赤字率从 6.8% 升至 14.6%，综合预算赤字增加一倍以上，预计到 2020—2021 财年达到 GDP 的 15.7%。

在此背景下，南非政府计划实施零基预算原则，借用零基预算原则进行支出审查以解决浪费和不可持续的支出增量的负面影响。从 2021—2022 财年的预算流程开始，中期支出框架程序将以零基预算原则为指导，用于针对大型项目的重叠评估。目前的支出重审制度是朝着零基础预算方向发展的良好开端，以更有意义的方式将支出审查与预算程序联系起来，以实现零基预算。南非政府表示虽然目前还没有关于政府机构实施零基预算的最新文献，但可以从以前应用过零基预算的政府机构中吸取经验教训，并对该领域的外部专家进行咨询。如果得到有效执行，借用零基预算原则可以使资源在政府计划内更有效地分配，并符合政策优先次序和经济限制。

在支出审查和零基预算方面取得进展。南非的公共开支过分强调年度预算的增量变化和拨款的增加，没有充分分析项目的有效性。为了解决这一问题，有必要对预算编制过程进行一些改革，政府提出实施零基预算原则。自 2020 年 6 月以来，南非财政部一直在审查政府支出以提高效率。已经对所有职能部门进行了 30 多次开支审查。审查利用大型数据系统来了解服务交付结果以及这些结果在不同场景下可能如何变化。初步调查结果表明，许多政策的设计和采纳没有考虑其总成本和可负担性。多个机构分担重叠的责任或任务，导致工作重复。在信息和通信技术以及基础设施等几个高支出政府采购领域，政府似乎为商品和服务支付了过高的价格。支出审查将用于为零基预算方法提供信息，政府将使用零基预算方法来审查中期的基本拨款。

新冠肺炎疫情暴发后，南非财政部采取了暂停各部门基本拨款、省市专项转移支付，以及利用国际组织低息贷款的方法，为紧急应对资金创造出空间；后疫情时期，南非政府打算采用零基预算原则、提高财政乘数、开征财富税、推进结构改革等措施开源节流，以便尽早恢复经济，重建财政缓冲。

南非要求所有省份都要调整支出的优先次序，提高效率，表现不佳的项目将重新审议。例如，一些接受公共交通网络资助的城市还没有启动其综合公共交通网络，至少有两个表现不佳的城市将被暂停获得这一资助，其余城市被要求降低成本，证明其有效性，以继续获得资助。

要求省级清理积压资金，将剩余资金分配到其他项目中去。市级政府可以通过向开发商收取新开发项目的费用来获得收入。《市财政权责修正案（草案）》对这些开发性收费提出了新的统一规定，加强了各城市的财政收入筹措框架。信誉良好的市政当局也可以在资本市场借款，南非财政部更新了指导借款框架，并将很快提交内阁批准。拟议的改革旨在提高借款期限，改善市政债务工具交易的二级市场，并确定发展金融机构的作用，以避免排挤私营部门。

2. 面临的难点与成功经验

在实施零基预算原则方面的挑战包括在预算周期内完成零基预算的时间和能力限制。政府很难单独设立适用零基预算的程序，只借用原则，而不是全面实施零基预算。南非目前的公共财政趋势是不可持续的，表现为高水平的支出、低水平的收入和不断增长的政府债务。南非政府拟将支出的构成从消费转向投资，同时要求提高支出效率和就政府优先事项作出高水平决策。疫情凸显出南非应对危机的能力不足，国库现在既没有为另一场冲击做好准备，也没有支持公共投资，这很危险，南非政府试图通过在未来几年立即实现财政收支基本盈余来重建财政缓冲。

自 2008 年金融危机以来，南非就谋划如何在经济下行和财政压力之下过好紧日子，效果比较明显，主要经验有：

第一，将支出分为核心基本支出和非核心基本支出两类，对核心基本支出予以优先保障，对非核心基本支出设置支出上限。支出上限可根据情况在年度预算或预算调整时重新评估。

第二，定期或在需要时重新调整各项支出的优先次序和年增长率。对支出事项根据国家经济计划等进行重要性、紧急性评估，根据评估情况对支出事项重新进行排序，并按优先次序控制调整各项支出的年增长率。

第三，控制薪酬和福利增长。控制关键岗位人员增加，对相关国家公职人员的薪酬在一定期限内控制增长。同时对各种福利的增长进行评估，不要刻意强调和宣传养老金要保持多年连续增长这样的目标。

第四，支出审查方法。正如南非财政部所言，借用零基预算原则可以使资源在政府计划内更有效地分配，并符合政策优先次序和经济限制。在实施零基预算原则方面的挑战包括在预算周期内完成零基预算的时间和能力限制。政府可以单独设立适用零基预算的程序，只借用原则，而不是全面实施零基预算。我国也可以尝试只借用零基预算的原则，而不是全面实施，使用零基预算原则进行支出审查，并利用支出审查为零基预算方法提供信息，使两者有效地互动起来。

（三）菲律宾

1. 主要背景与做法

面对世界秩序的衰退，也就是一些专家所说的二次衰退，菲律宾政府继续面临预算赤字和有限的资源，系统效率低下加剧了这一情况。因此，2010 年预算和管理部开始实施一个零基预算计划。零基预算主要作用于对外交事务总局工作的两个具体方面的初步努力，即外交事务员额的运作和国际承诺基金的管理。尤其主要应用于评估菲律宾政府国际承诺基金对各国际组织的所有贡献。在这方面，按照零基预算计划和外交部秘书的指示，努力准备菲律宾加入国际组织和举办国际会议基于结果的成本效益分析，加入国际组织和举办国际会议主要是应联合国和其他国际组织助理秘书的要求而进行的。这些评估将在 1 号委员会进行的预算听证会之前提交。

菲律宾外交部零基预算程序中特别一环是特别审查小组，特别审查小组的成员包括财政部（DOF）、国家经济和发展管理局（NEDA）和总统办公室（OP），被赋予国际基金管理有关的所有事项的主要决策和建议机构的权力。在提交特别审查小组之前预算方案需要进行更全面的成本效益评估，强调有形和无形、金钱和非金钱、直接和间接的利益以及有效的监测、评估和反馈系统，还需要有效地沟通各种利益相关者的增值。

2. 面临的难点与成功经验

（1）面临的难点。一是审查小组缺乏足够的授权。审查小组是一个特设机构，它缺乏授权和资源来加强其作为国际协调基金所有事项的主要决策和建议的权力。因此，外交部也发现很难协调、跟进和强制执行标准化的格式或模板；在某种程度上，这可能是各机构预算效率低下的原因。事实上，从预算和管理部到所有执行机构，整个政府的任何零基预算努力都需要对成本与效益的全系统理解。

二是缺乏系统识别和量化的战略价值体系。虽然有一个标准模板的成本效益分析，基于总结报告提交给零基预算研究团队，但缺乏系统识别和量化的战略价值体系，特别是总统的优先事项。普遍的情况是，外交部（DFA）对包括国内和国外职位的其他政府机构在内的价值链中所增加的利益缺乏一致的识别和量化。某一特定成员的费用或预算如何与所描述的价值进行比较，无法明确。

三是零基预算研究报告未能将产出与国家愿景结合起来。根据访谈、焦点小组讨论和对零基预算研究报告的审查，焦点机构未能确定该国的成员资格或将在该国主办的国际会议的结果。外交部模板似乎只列出了国际移民的目标，未能将产出与国家的愿景联系起来，这应该是国家加入每个国际组织或每一个国际会议的结果，例如透明、负责任和参与性治理；减少贫困和扶助贫困和弱势；快速、公平和持续的经济增长；公正和持久的和平与法治以及环境的完整性；气候变化的适应和缓解等。

四是由于缺乏数据而受到严重限制。任何基于零的预算编制工作都需要以一致和系统的方式从各业务单位收集数据，以便同时计算效益和成本。后者是预算分析师通常关注的问题，但前者却是经济学家所要求的、同时遵循效率和有效性标准的决策问题。零基预算对外交事务总局工作的两个具体方面的初步努力，即外交事务员额的运作和国际承诺基金的管理由于缺乏这两个方面的数据而受到严重限制。甚至在成本方面也没有持续地收集到数据用于时间序列分析，这可能是由于缺乏关于如何将数据用于管理决策的知识。大多数研究团队提交的零基预算评估报告是由官员和工作人员完成，他们可以从现有内部报告收集任何数据，但反映不出需要衡量的效率（与投入相关的输出）或有效性（输出相关结果）。

（2）成功经验。一是使审查小组在国际基金管理中的作用制度化。为了解决这一问题，小组起草了一项行政命令，使其在国际基金管理中的作用制度化。组织草案确定了执行委员会、技术工作组和国际承诺基金秘书处的成员。该草案已分发给发展总署内的有关办事处征求意见。然后将其分发给小组成员征求意见，然后提交总统办公室批准。在国会批准国际承诺基金预算后，预算和管理部将国际承诺基金拨款的拨款资金发放给外交部。外交部随后将付款返还给各种成员，但需要注意的是，所有支付给成员的款项都要通过菲律宾驻纽约领事馆支付。这个系统已经被外交部实践了很长时间了。

二是将行政命令草案化。根据外交部的规定，首先签署了访问国际论坛主办国际会议的联合通知。然后形成联合通知草案，这是使菲律宾举办国际会议合理化的一大步，因为它需要提交会后产出整合计划，并将国际会议与至少一个总统的优先事项保持一致。

三是对非预算管理人员进行培训。由于意识到零基预算在系统中运行的困境，这可能是由于外交部（DFA）的人力资源分配严重不当，职业外交官在零基预算执行过程中的任务是与他们的教育背景和专业经验不相符的。现任外交部长阿尔伯特·德尔·罗萨里奥先生已经采取措施，通过培训亚洲管理学院的所有职业部长和大使来解决这种不匹配的能力。

（四）亚洲商业银行

1. 主要背景与做法

为了阻止亚洲商业银行不断恶化的盈利表现，最高管理层考虑改革规划和控制系统，以迫使管理层识别和分析他们将要执行活动的“成本”，设定目标和目标，做出必要的运营决策，并评估不断变化的责任和工作量作为监控系统的一个组成部分。这些过程是在零基预算下进行的，这种方法的基本思想不仅是削减开支，而且是在经济增长缓慢的情况下更有目的地将财政资源分配给各种方案，使整个方案更有效。

2. 面临的难点与成功经验

（1）面临的难点。一是在制定决策包方面遇到的困难。银行经理在制定和执行这一技术时要面临几个问题。管理层所遇到的最重要的问题是在决策包的制定领域。确定活动、职能或操作，制定决策包以建立最低工作水平的决策包，确定每个活动的工作措施和评估，涉及每个活动经理的大量主观判断，因此受到质疑。在排序和审查决策包时，管理层面临的问题是确定谁将进行排序，确定每个组织决策包的排序级别，以及将使用什么方法或程序来审查和排序决策包。

二是银行的最高管理人员面临挑战和行政问题。尤其是在实施零基预算的最初几年，分公司经理和区域经理可能经常担心任何迫使决策做出决定的过程，并需要对其职能进行详细的审查，以便所有人都能看到。零基预算流程的管理和沟通很可能会带来严重的问题，因为与大多数预算和规划流程相比，参与这个流程的管理者更多。

（2）成功经验。一是从试点开始。亚洲商业银行管理层首先选择一个试点区域，并从中了解在将其推广到所有活动、地区和分支机构之前所经历的困难。因此，最高管理人员可能会在某些脆弱的活动和区域引入零基预算，这些区域的绩效没有达到预期水平或怀疑的成本过高。甚至在试点实施之前，管理层就必须确保进行广泛的工作基础，以便所有管理级别都在智力和情感上接受该系统。

二是由一个中央集中化的职员部门监督。根据经验，这一制度应扩展到其他领域和活动，以便最终整个银行组织是一段时间的覆盖。此外，零基预算系统实施的整个工作应在银行董事长/董事总经理的监督下，由一个中央集中化的员工部门进行监督。这样的员工部门将让最高管理层了解进展，并有助于建立信用。在分散行政设置的大型商业银行中，每个行政办公室应有一个符合上述模式的人事部门。对于零基预算系统的实施，银行的最高管理层必须采取的另一项决定是应被要求确定决策单位和准备决策包的管理者的适当级别。

三是重视时间要求。时间需求是在实现零基预算方法时需要考虑的一个重要的因素。目前，一家银行的年度绩效预算工作分别需要 14 周和 16 周的时间。对于零基预算，也可以采用类似的时间框架。另一个需要考虑的有争议的问题是零基预算方法应该进行的频率。由于零基预算实施涉及大量的成本、时间和精力，而且决策单位或决策包可能会发生根本性的变化，建议管理层每三年进行一次。在这两年内，如有必要，可以更新决策包。排名工作每年均可进行。无论零基预算系统的实施频率如何，都可以决定，对最初的系统进行批判性分析都符合银行的利益。

四是确定问题易发的领域和补救措施。一年的零基预算过程完成后，确定问题易发的领域和补救措施。当重复该练习时，应进行适当的更改。此后不久，银行管理层将能够起草一份零基预算手册，供组织的企业级别使用。对于在银行有效实施零基预算方法，最重要的是管理者应该接触到零基预算的基本概念，并进行充分的培训。在现场重复的培训方案也将是有用的，这样即使是潜在的管理人员也可以得到适当的定位。在经济增长缓慢的场景零基预算实践将产生更好的结果，零基预算是一个操作、计划和预算过程，要求每个经理证明他的整个预算请求。从零开始详细举证责任，证明在经济增长缓慢的场景下，如何安排花钱能给业务带来增长。

三、国外零基预算开展中面临的问题与解决方法

综上所述，国外零基预算开展的实践发现，如何形成“零基础”的预算？如何解决各项目、机构的预算优先顺序？零基预算是如何解决年度预算与跨年度预算的设定？这些是国外零基预算具体实施过程中的重点和难点，美国、英国、澳大利亚、新西兰等 OECD 成员国的经验表明：采用决策包技术，确定评价主体与方法，引入绩效理念，采用中期支出框架是有效解决以上问题的关键。

（一）决策包技术明确零基预算开展的主体与项目

明确预算主体与项目是开展零基预算的基础。美国早期实施零基预算时是将所有财政支出划为零基预算的范围，因其适用范围广，按照零基预算编制的经费数额也最为庞大，为了更有针对性和提高效率，美国佐治亚州的新零基预算重点每年抽查年度预算一定比例（约占当年项目总数的10%）的项目，实现了重点目标支出审查。英国运用零基理念开展的支出审查范围是类似中长期规划的关键环节，财政部门基于支出审查对部门资金作出框定，各部门只能在国家优先政策保持一致且不超过资金限额的情况下安排支出，并且公布其年度预算、部门计划和支出绩效信息，基本实现了各部门预算绩效的全流程追踪、监督和控制，同时部分部门在继承传统零基预算自下而上编制办法的同时，也将自下而上项目的抽查评估、优先目标及部门支出限额设定等内容融合，加强了财政部门与预算目标的协同。澳大利亚以“事前评估”开展的支出审查行为，是以财政部为主导，通过财政部与各部门就原有项目、新项目和政策的估测进行协商，然

后明确定期更新事前评估责任，以反映政策或项目的经济参数变化、技术变量及对政府政策的影响，形成了一种平衡交换的制度机制。新西兰运用零基预算理念推进的预算改革其最为突出的特点是区分开展支出审查或绩效评估程序的预算责任，预算过程更加体现“下移”特征，将很大部分的责任和财政管理放在部门层次，以及中期财政规划也由各自部门形成，其中，决策层对预算资源的分配和预算产出负责。部长和行政首长各司其职，相互配合，提高效率。

（二）应用绩效理念与方法实现零基预算的“零”基础

美国新零基预算开展之前，已经进行了预算再定向、结果导向预算、计划项目预算与绩效预算的改革，零基预算的流程尤其重视支出部门绩效的改进。当前，绩效预算成为了世界各国预算管理改革的重要发展方向，综合2000年之后新零基预算开展的历程可以发现，零基预算的核心内容是对预算项目的排序，重点在于通过投入分析或绩效评价来赋予项目的重要性，也即事实上的排序，实现一揽子决策的排序过程，每个一揽子决策通过其占上一年度预算的百分数表现出来，预算部门根据其重要性和效益对一揽子决策进行降序排列，并从零开始计算累计百分比，也实现了零基预算的“零”初衷。其中，从投入转向产出、从抽象的简单成本效益分析转为具象的综合评价，从事前的预测分析转向为事前和事后的绩效评价，是新型零基预算与运用零基预算理念的支出审查在新时期开展实施的重要变化。

（三）采用中期支出框架解决零基预算年度与跨年度融合不足

国外实践表明，零基预算开展不仅涉及年度预算，还会涉及跨年度的项目与决策，中期支出框架是政府中期财政规划、多年期收入和支出预测构成的多年期预算。通过预算周期起点或年度预算提出的多年期预算，能够使政府从多年期视角处理年度预算争论，加强了年度预算的财政纪律性。尤其是，多年期收入支出预测有助于形成中期财政政策，以及相机调整与中期财政规划战略不吻合的预算政策。通过将预算争论置于中期优先考虑，一定程度可以提高预算过程的透明度。另外，不断更新的支出估计可以作为下一个预算周期的（非正式的）起点，从而实现滚动预算。OECD成员国开展零基预算的实践表明，中期支出框架是筹划预算资源的重要举措，其实现的跨年度预算资源分配，能够与零基预算实现有效互补，达到优先关键预算支出安排，起到平衡和释放预算资源的重要作用。

四、国外零基预算改革对我国的经验借鉴

（一）零基预算的开展以法律基础为支撑

OECD成员国推行零基预算及预算管理工作的开展，均离不开以法的形式保障政府预算实施及管理的规范化、制度化和经常化。例如，美国1993年通过的《政府绩效与成果法案》（GPRA）以法的形式规定公共部门预算管理的强制性。为保证财政资金使用的合法性、安全性和有效性，澳大利亚建立起了较为健全的法律法规体系，《基于绩效的支付协议法案》将公共财政支付协议的出发点确定为项目可达到的绩效，关注公共财政项目的支出结果；通过《预算诚实宪章》、《财政管理及问责法案》、《公共服务法》等预算法律和财政管理法规，确定了理财中的原则，规定了政府财政与中期预测报告的形式与内容，将权责发生制作为政府会计制度的基本准则，同时明确了预算部门、人员的绩效责任与权力关系，成为规范与推进零基预算法律基础。20世纪80年代中后期以来，新西兰通过各项法律的设立明确了预算管理改革的目标、原则和特别的革新技术使用，包括1988年《国家部门法案》、1989年的《公共财政法案》，都注重建立激励机制，为改进公共部门管理者顺利引入公共部门新机制提供了法律支撑；1994年《财政责任法案》通过细化财政管理责任的原则，提高支出审查的质量；1993年的《通往2010之路》及后期的《后三年》、《未来的投资》、《新机遇》等法律文件的颁布，都对中长期政府发展规划、优先支出安排进行了明确阐释。各项法律的制定有利于获得社会公众的认可、支持与协作配合，有助于减少改革阻力、节约改革成本、推动改革速度，同时也提升了政府管理公共资金的透明度，改善了整个预算管理过程。

（二）运用零基预算理念打破预算资金分配路径依赖

美国等OECD成员国开展零基预算的改革初衷都是在经济紧缩背景下为了缓解财政支出压力，通过改变预算模式提升预算效率。同时也反映出，在年度预算总量一定的情况下，政府在国家财政的“公用池”获得

的资源是一定且有限的，如果延续固有的资源分配机制，会导致部分预算部门难以获得资源。零基预算中预算支出安排的优先性特点，可以有效帮助更高级别的管理者为所属决策单位的所有决策包建立优先权过程。零基预算的具体实施中，根据国家政策的重点确定支出优先顺序，按照部门事业发展目标的轻重缓急程度编制预算，组织机构进一步根据各自预算资源的总量对所有决策包优先性进行评价，打破了预算资金分配的路径依赖，也是预算应对环境变化的过程。零基预算通过预算支出安排有限性的实现，将国家整体战略与具体事业部门发展有机结合，确保了预算资源配置体现国家政策目标的优先性与部门使用发展目标的一致，极大程度为修复预算提供了可选择路径。

（三）中期财政规划与零基预算共同解决预算结构的僵化

预算总额控制对于维持预算平衡、保障预算“公用池”资源合理利用具有重要意义，是预算管理过程中最为重要做法之一，但是，现实中，政府往往受到外部冲击、内部预算结构僵化和预测程序固化等问题，造成政府缺乏对预算总额本应有的强力控制，从而使预算政策偏离既定路线，与公众期望甚至背道而驰。尤其是预算结构的僵化严重损害了预算的竞争性，破坏了预算优先性决策能力降低了预算的资源配置效率，在经济衰退时期，不断上升的失业率，降低了税收收入的同时，增加了失业补助、福利消费等支出，而生活成本的调整规定将价格的上涨转化为了巨大的社保、退休金支出，不可控制的支出客观增长使预算优先项目走向僵化，导致了政府无法根据战略目标灵活分配资源，降低了预算政策功能的发挥。

中期财政规划的预算资源总量远大于年度预算，中期财政规划设立的宝贵之处在于将展望意识引入预算、进而政府治理的过程，使得财政政策财政变量（支出、收入、赤字和债务）从“预见”转为“精心筹划”，也是预算政策应对环境变化与风险的重要手段。中期财政规划与零基预算的结合重新赋予了预算交换能力，不仅确保中期内有充足的预算裁量资源，也帮助政府能够在考虑中长期战略目标的同时合理分配财政资源。党的十八届三中全会提出清理“法定支出”的要求，一定程度打破了利益固化格局，并释放一定的预算资源，创造新的财政空间，但这仅是对预算僵化的体制修补，中期财政规划与零基预算相结合才能更好地实现真正意义的矫正，其中，通过中期财政规划的筹划功能，扩大了预算资源配置空间；零基预算下总预算请求、优先性预算支出安排为修正预算结构僵化提供了一种克服渐进主义预算模式的有利办法。

（四）零基预算融入绩效导向，拓展预算资源配置空间

融入绩效导向的零基预算，通过绩效结果安排支出优先顺序，形成退出机制，拓展了预算资源的配置空间。传统的增量预算实质是投入预算体制，“只增不减”、“该减不减”，造成预算支出刚性增强、预算资金支出效率下降，未能与公众关注的产出建立联系，预算缺乏回应性，难以满足“以人民为中心”的改革诉求。缺乏绩效测量的零基预算很难进行支出项目的优先排序，也就无法有效完成预算资金的配置。绩效导向的预算是形成理性、基于成本效益的预算配置，是区别于投入预算体制的根本点。通过绩效导向，关注怎样的产出和成果才是公众真正需要的。绩效导向下的预算所强调的资源与产出相联系，要求投入对产出负责，已达到预算目标与政府战略目标相一致，也是推进预算回应性制度改革的重要一步。2003年以来，我国一直循序渐进地开展财政支出绩效评价改革；2018年，随着《中共中央 国务院关于全面实施预算绩效管理的意见》的推开，加快构建全方位、全过程、全覆盖的预算绩效管理体系，为预算管理改革发展指明了方向，也是顺应国际预算绩效改革的重要一步。国外实践表明，OECD成员国普遍采用的支出审查实际上是绩效预算的重要组成部分，因此，为推进零基预算改革发展，还要进一步加强我国预算绩效管理的全面实施。

第六章

引进与本土化：我国零基预算的早期实践

20 世纪 90 年代是我国经济发生大变化、改革确立大框架的十年。邓小平同志 1992 年初的南方谈话冲破了 80 年代以来的压抑气氛，在全国范围内掀起重启改革的浪潮。适逢其会，财税体制改革勇立潮头，中央财政“分税制”改革单兵突进，地方各级财政也“八仙过海，各显神通”，改革试验层出不穷，零基预算就是其中典型。

一、改革的背景

以 1992 年开始实施的《国家预算管理条例》（以下简称《条例》）为标志，我国的预算管理制度变迁进入以权力中心提供预算管理制度变迁为主要框架的供给主导型阶段。《条例》规定，我国国家预算采用复式预算编制方法，分为经常性预算和建设性预算，从 1992 年起，中央预算按复式预算形式编制。1995 年开始实施的《中华人民共和国预算法》（以下简称《预算法》）又进一步明确将中央预算和地方预算划分为公共预算、国有资产经营预算和社会保障预算三部分，待条件成熟时再考虑增设其他预算。从 1995 年开始地方预算也按复式预算编制。在此背景下，财税体制改革勇立潮头，中央财政“分税制”改革单兵突进，地方各级财政改革试验也层出不穷，零基预算就是其中典型。

二、零基预算引进与本土化的实践做法

（一）地方层面实践

20 世纪 80 年代我国理论界就有关于零基预算的相关探讨。1993 年起，我国开始试行零基预算，试图改变传统的“基数 + 增长”的渐进预算模式。至少有湖北、河南、陕西、甘肃、云南、福建、广东、河北和安徽等省份先后推行过零基预算。其中，湖北、河南和陕西三省做法大体相同，均是试图通过摸清人员公用支出底数、强化定员定额管理、统一预算标准，来控制预算总额，缓解财政压力。其他省份也以不同的方式开展零基预算实践。

从 1993 年起部分地方政府开始主动试行零基预算改革，从预算定编、定额、定标准等基础工作做起，通过一系列规则的制定来规范支出部门的预算行为，力图突破传统的“基数法”编制预算的框架，这使得这一时期的预算管理制度变迁具有某些“中间扩散型”制度变迁的萌芽（财政部预算司，1997；马蔡琛，2002①）。但从结果来看，零基预算非朝夕之功。受制于财政制度并不完善、政治权力体系掣肘、预算编制技术粗糙等因素，总体实施效果并不理想。有不少地方很快就重归旧路，恢复了传统的“基数 + 增长”的渐进预算模式。以珠海市为例，珠海市曾尝试按照零基预算的要求，打破基数，让各部门自行上报预算，由财政审核排序安排。但因缺乏清晰的部门职责划分，也没有绩效考核评价等技术支撑，财政部门难以评判预算项目的优先性，排序之事终成画饼，合理削减更无从谈起。最后，各部门汇总的项目预算总额远超珠海的可支配财力。零基预算历时仅两年就无果而终，珠海财政重新恢复了传统的渐进预算模式。

（二）中央层面的推进

1997 年，财政部组织编写了《零基预算》一书，介绍零基预算的相关理论和部分省市试行零基预算的做法，对零基预算在中国的实施给予高度评价。在财政部 2000 年推行的部门预算改革中，零基预算被学术界和

① 马蔡琛．中国预算管理制度变迁的经济学分析［J］．税务与经济，2002（02）：77－79.

实务界寄望于最佳的预算编制模式。在中央政府一级从2001年开始实行部门预算制度，财政部对国家计委、外经贸部等10个中央部门按基本支出预算和项目预算试编了部门预算并取得了成效，然后逐步推广至所有预算单位。正是在这一背景下，这一时期的零基预算改革试图通过摸清人员公用支出底数、强化定员定额管理、统一预算标准来控制预算总额，缓解财政压力。但改革中基本不涉及设计决策案、替代方案、成本效益分析、排序确定优先决策案等零基预算标准程序，虽以零基预算为名，但不是严格意义上的零基预算，实际上属于“定额预算”、“控制预算”或“目标预算”（财政部预算司[①]，1997；马骏和叶娟丽[②]，2004；胡正衡[③]，2006；牛美丽[④]，2010）。21世纪初期的黄金十年，中国经济和财政进入高速发展阶段，这一时期财政通过收支两条线、国库集中支付、政府集中采购等一系列改革，财政实力和管理能力同步增强。在财政部推行的部门预算改革中，零基预算被学术界和实务界寄望为最佳的预算编制模式。从实际结果来看，零基预算仍然“有名无实”，且缺乏清晰的部门职责划分和全面绩效考核评价等基础支撑，逐渐失去推行空间，传统的“基数+增长”的渐进预算模式依旧盛行。

（三）经验做法

1. 直接动因是控制预算总额，缓解财政压力

实施零基预算是为解决部门或本地区财力紧张、预算控制等问题，随着改革开放和社会主义市场经济体制的逐步确立，以及国家财政收支规模的不断扩大、收支矛盾的加大，用传统基数方法编制的预算就显得简单粗糙，造成预算调整过多、约束性差等一系列问题，损害了政府预算的权威性、可监督性和预算资金的使用效益，也与社会主义市场经济的发展要求越来越不相适应。因此，迫切需要有一种适应新形势发展要求的、既能与国际惯例接轨又具有中国特色的预算管理新模式来取代传统的预算模式（见图6－1）。

---

① 财政部预算司．零基预算［M］．北京：经济科学出版社，1997.

② 马骏，叶娟丽．零基预算：理论和实践［J］．中国人民大学学报，2004（02）：122－129.

③ 胡正衡．零基预算方法［M］．北京：中国财政经济出版社，2006.

④ 牛美丽．中国地方政府的零基预算改革［M］．北京：中央编译出版社，2010：151.

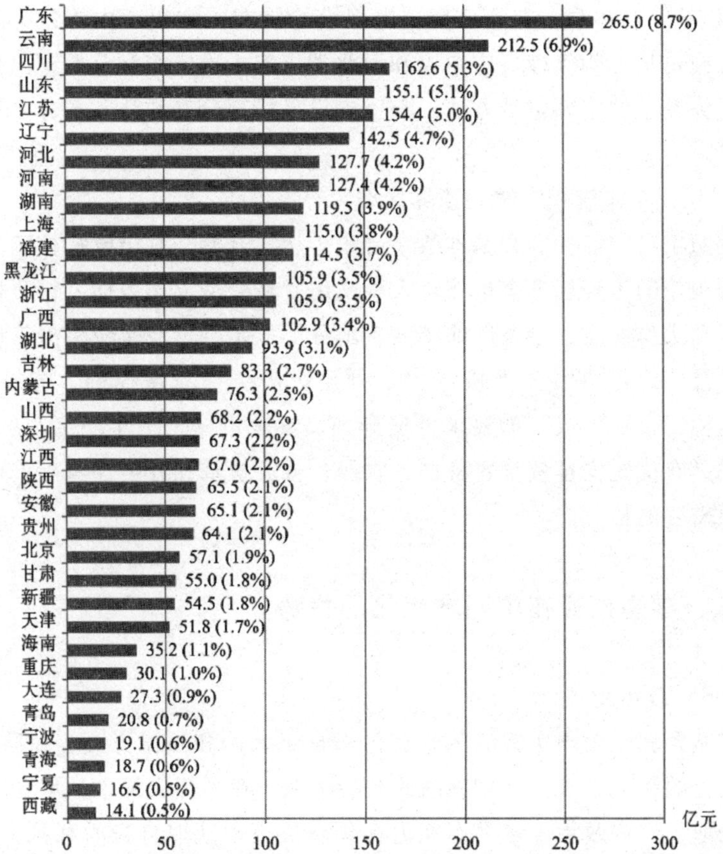

图 6－1　1993 年各省、市财力情况和占全国比重

2. 与其他预算模式结合，分类编预算

分三个部分编制预算：人员和公费支出分别按照核定的人数和开支标准核算，专项经费由财政部门根据轻重缓急分别予以确定。军队要求二次分配经费必须按照零基预算的方法编制预算，达到科学合理、符合实际情况、程序合法。按照法定审批权限审批后才能办理。避免在分配经费时出现拍“脑门”或随意决策的问题发生，促使事业任务和经费预算的有机紧密结合，提高经费的使用效益。云南省人事支出与公费支出统称为正常经费，正常经费预算采用“划分档次、确定定额、不做基数、逐年审核”办法编制；在专项支出方面，各单位按照专款预算编制表格填报，依项目轻重缓急顺序排列。福建省按照“收支统管、核定收支、定额拨补、超支自负、结余留用”的方法编制零基预算，提供“在职人员公用经费定额参照表”，将单位的公用经费支出规模控制在一定幅度内，分类制订定额，实施定员定额管理。广东省和河北省核定人事支出和公费支出采用了以公式为基础的定额定员方法，专项支出采用部分基数法和部分零基预算的模式。

3. 强化定额管理，统一预算标准

按照定员定额标准和基本数字台账，从零开始。甘肃省按核定的实有人数和规定的工资标准全员核定人事支出。在公费支出方面，行政机关根据职能和工作性质，参考以前年度支出分类核定，事业单位根据工作性质和业务量确定标准、分类核定；专项经费按照“总量控制，统筹考虑，优化结构，保证重点”的要求分项排列、逐项审核、一年一定。总体看，这样做具有优先安排教育、科技、农业、救灾扶贫和社会保障等重点支出和各项需要的特点。

三、零基预算在中国本土化的优势

（一）政治优势

零基预算在美国实施的困难首先来自于政治和法律方面。在政治上，美国实行的是一种权力互相制约的政治体系，在预算决策中，预算决策权非常分散，许多政治力量都有能力在预算决策中获取自身的利益，因此，在这种政治体系中实施零基预算其政治性交易费用就非常高。而在中国，预算决策权相对集中，实施零基预算的政治性交易费用相对较小。

（二）法律优势

从法律的角度看，美国预算体系中存在许多“权利型预算”或“赋权型预算”，即强调凡是符合法律规定条件的受益人都可以获得政府部门提供的某种福利，从而导致某种“不可控制的”支出。而要取消“权利型预算”，必须先废止引起该支出的法规，然而，废止法规是非常困难的。所以，这种预算支出很难从零开始进行审查。而在中国，这种“不可控制的”支出规模仍然很小，从理论上讲，任何预算都可从零开始。

（三）有改革的决心和一定的制度基础

1994 年，预算法改革奠定了预算改革的总基调，到 21 世纪初中央部门预算编制进一步深化改革，财政部选择5—10家部门进行实物费用定额标准试点，并先以房产、车辆“开刀”。中国的行政成本之高为世人瞩目，中央部门预算编制的改革涉及制度变革，必然触及各部门原有的利益，而这项改革的实质性推进同样反映了最高决策层坚定的改革信念。

改革规范了预算的责任和时间要求。部门预算编制程序通常被概括为“二上二下”。在总的编制周期不变的情况下，财政部提前了控制数下达的时间（即“一下”），相应延长各部门根据控制数修改预算的时间（即“二上”）。这为零基预算的实践提供了时间和程序的部分保障，预算编制时间延长，便于预算的细化；规范预算时间，有利于预算工作统一协调展开。

四、取得的成果

（一）为减少部分经费的支出提供依据，缓解了财政的困难

零基预算对于传统的预算过程产生了一些积极的影响。当时我国地方政府因财政紧张导致“吃饭财政”的情况较为普遍。实行零基预算可以站在一个新的起点上，按照预算年度所有因素和事项的轻重缓急程度重新测算每一个科目的支出需求，并侧重于对资金使用效益的考核，从而使事业发展的需要与财政可供给资金之间的矛盾趋于缓和。而预算经审核批准后，在年度执行中除发生特大自然灾害等不可预见情况外不得向财政部门申请追加，使年初确定的预算指标真正成了有约束力的刚性指标。

根据零基预算的逻辑，有些省开始砍掉一些构成原来预算基数的支出项目。例如，失去了政策依据的专项经费、领导人批条子形成的专项经费、一次性的专项经费、不属于本级政府事权范围内的支出。

（二）促进了专项领域的项目库建设

正如某些支出部门的预算官员所指出的，在专项经费领域建立项目库有助于零基预算的有效实施，而且对于各个支出部门预算要求的形成构成了某种制约，使得支出部门不能再像以前那样随意申报专项经费，甚至“编制”项目来套经费。但是，和上述那些制约零基预算实施的因素相比，这些改进所能起到的作用是非常有限的。在一定程度上提高了预算管

理水平。运用零基预算法编制预算，需要对大量的基础数据进行测算和分析，客观上要求加强数据收集和信息处理工作，对项目进行周密论证，提高了预算的科学性和准确性。

五、零基预算本土化存在的问题与障碍

我国地方政府在实行零基预算的过程中存在着以下一些问题和困难，这些问题和困难使得零基预算在中国的实施达不到预期的效果。

（一）地方政府的零基预算主要运用于专项经费

人员经费和公用经费事实上是在零基预算的过程之外决定的。由于我国许多地方政府的财政状况都属于一种“吃饭财政”，因此，每年的财政收入（预算内和预算外）在保证了人员经费和公用经费之后，能够用于专项经费的数量就非常小了。这就意味着，在中国的地方政府，即使零基预算得到严格实施，它所能够影响的范围也非常有限。也就是说，在地方政府的支出决策中，只有非常小的一部分支出的决策是根据零基预算决定的。黄佩华等人的研究也发现，在他们所调查的几个地方政府中，占地方政府预算 70% 以上的工资没有被包括在零基预算的框架内。

（二）由于财力紧张零基预算对于实际预算过程的影响是非常有限的

对于已经明确纳入专项经费中的那一部分预算支出来说，虽然零基预算已经被确定为主要的预算决策方式，但是，由于地方政府的财力非常紧张，零基预算对于实际预算过程的影响是非常有限的。地方政府采用零基预算的初衷是为了找到一种能够在财力资源紧张的情况下有效配置资源的方法，但是，依据马骏等人调查中发现，财力紧张反过来又严重地制约了零基预算的实施。因为，在财力非常紧张的情况下，如果严格实施零基预算，那么，绝大部分的专项经费都可能无法得到资助。一旦出现这种情况，要继续推进零基预算就会遇到非常大的阻力。所以，财政部门最后只好放弃零基预算，转而采用传统的方式，即大多数的项目都能得到一些预算拨款，但是每一个项目都不能得到很多，即使该项目在零基预算的优先顺序中排在很高的位置也是如此。此外，从支出部门的角度来看，在财政资源非常紧张的条件下，即使它们严格地按照零基预算编制了部门的预

算，财政也不可能满足部门的大部分预算要求（“一上”）。最后的结果就是，财政部门不得不给各个支出部门下达一个预算控制数（“一下”），支出部门必须在这个预算控制数之内重新编制预算。这实际上就使得支出部门最初根据零基预算所做的预算要求失去了意义。一个预算官员曾指出，如果支出部门按照零基预算的逻辑形成的预算对于财政部门来说是没有用处的，那么，支出部门就没有积极性继续做零基预算；支出部门最关心的是上年财政下达的预算控制数，关心能不能获得某些政治决策者的支持。

1974 年，著名公共预算专家凯顿和瓦尔达沃夫斯基在研究发展中国家的预算后发现，由于这些国家在财政方面非常贫穷，而且预算环境充满了不确定性，所以，这些国家实际上是无法做真正意义上的预算的，存在的只是“重复预算”，即在预算年度内只得不断地重新做出预算决策，年初形成的预算承诺根本是无法兑现的。我们在调查中也发现了类似的情况。一个接受访谈的预算官员指出，在财力紧张的情况下，连做一般的预算都比较困难，更何况零基预算这种非常复杂的预算模式。

（三）公用经费的长期不足严重地制约了零基预算的实施

马骏等人的调查中发现，由于受财力制约，各个部门的预算内公用经费长期处于不足的状况，在公用经费不足的情况下，支出部门为了确保部门的正常运转，通常会采取这样一些策略：从专项经费中挪用经费来弥补公用经费的缺口（称为“吃专项”）、运用预算外收入来弥补公用经费的缺口等。据估计，在最近对专项经费进行压缩之前，近一半的专项经费都包括最后用于公用经费的开支。“吃专项”现象的存在极大地削减了零基预算的效果。因为，在“吃专项”的情况普遍存在的前提下，支出部门根据零基预算形成的预算要求中就有相当大的“水分”，即有相当大的一部分预算要求是为了弥补公用经费而塞进专项经费中去的。这样，零基预算实际上就不能真正做到对支出项目进行排序，进而也就不能达到预期的效果。某省在最近几年的部门预算改革中已经在实施部门预算的支出部门中逐步地提高了公用经费的人均标准，但是，由于该省的省级财政状况很难在短期内得到根本性的改变，因此，提高公用经费标准就只能以压缩专项经费作为代价。但是，这样一来，能够用于专项经费的支出可能就会更少，从而就会进一步缩小零基预算的影响范围。

（四）存在政治上和行政体制上的制约

零基预算在中国的实施还面临着一些政治上和行政体制上的制约。当时我国的某些地方政府在政府职能的转变上不是很成功，许多政府部门的职能非常复杂而且目标众多。正如一个预算官员指出的，在职能和目标不明确的情况下，就很难对预算进行真正意义上的排序。虽然经过了几年的部门预算改革，但是，预算分配权上的分散状况并没有得到彻底的改变，某些专项经费的分配权仍然掌握在财政部门之外的一些部门手里，而且其中的一部分仍然没有纳入部门预算改革的框架。这就意味着，某些专项经费实际上是不受零基预算过程影响的。总之，预算分配权的分散制约了零基预算的实施。我国地方政府预算中领导人批条子、打招呼影响预算决策的现象仍然存在。这种现象的存在意味着，政治权力的安排将会干扰零基预算的排序过程和排序结果，从而使得零基预算无法真正进行科学的排序。这实际上说明，在我国的预算过程中同样也存在某种中国特色的实施零基预算的政治性交易费用。体制上的制约还体现在公费医疗体制的改革没有与部门预算改革相配套。在公费医疗改革没有完全纳入部门预算而且财政供给的公费医疗标准不足的情况下，各个部门还必须自己去解决部门员工的一部分公费医疗费用。对于某些人员年龄结构偏大的部门来说，公费医疗支出已经是一个相当大的负担，在经费不足的情况下，“吃专项”就是不可避免的。总之，这些体制上的因素都极大地制约着零基预算的实施。

（五）地方政府在预算上没有足够的预算自主权

一个与政治和行政体制相关的问题是，在当时的体制下，中国的地方政府在预算上没有足够的预算自主权。正如黄佩华教授等指出的，地方政府的预算自主权要求地方政府的预算编制能够独立于中央政府及其他上级政府预算，地方政府拥有收入和支出的充分稳定性和可预测性，以及地方政府有权根据自身的优先次序来安排资金，并且能够以它认为最佳的生产方式和投入组合来供给公共服务。地方政府预算自主权的缺乏同样也极大地制约着零基预算的实施。上级政府的转移支付一般都需要下级政府提供大量的配套资金，但是，这些转移支付通常都是不确定的。在专项资金和配套条件不明确的情况下，下级政府常常被迫在一年的大部分时间内保持相当的资金余额。这就意味着，地方政府不能自主地按照自己的优先次序来安排资金，这一部分预留下来与上级政府的补助金配套的地方财政收入，实际上是在年初的零基预算程序之外进行安排的。此外，我们在调查中还发现，地方政府预算自主权的缺乏还体现在中央政府经常运用强制性支出，即中央政府制定了某项政策后强制性地要求地方政府执行，但是并不提供任何资金或者只提供一部分资金。这些强制性支出经常会干扰地方政府的预算，进而妨碍了零基预算的实施。换言之，即使地方政府已经在年初按照零基预算编制了当年的预算，强制性支出的存在意味着一旦中央政府要求地方政府执行某项政策而又不供给（或不完全供给）相应的资金，那么，地方政府就不得不调整预算，寻找新的资金来执行中央政府的政策，从而就会出现一笔没有按照零基预算的程序与其他的支出相比较的新的支出。

结论：虽然从理论上讲，零基预算是一种非常有吸引力的预算模式，但是，它在美国实施的经验表明，零基预算是很难成功的。中国最开始的本土化经验也表明，虽然中国的预算过程中政治性因素和权利型预算的成分比较少（这有利于零基预算的实施），但是，中国的预算环境和预算过程中同样也存在着许多制约零基预算的因素。这些制约性因素的存在意味着，零基预算很难从根本上对中国地方政府的预算过程产生影响。此外，由于中国地方政府的零基预算只适用于预算支出中比较小的一部分支出，因此，它对于中国地方政府预算的影响范围也是比较小的。零基预算并没有改变预算结果，预算结果仍然是渐进的，预算基数仍然发挥着非常重要的作用。

第七章

卷土重来：预算紧平衡下我国零基预算新一轮实践

我国财政运行环境越来越复杂，不确定性越来越高；财政可持续发展面临较大挑战，收支矛盾愈发突出；地方政府债务风险凸显；现行支出结构固化僵化，财政支出碎片化特征十分显著；财政规划与宏观规划衔接不够，预算统筹协调不够，预算安排缺乏前瞻性、持续性和战略性。在此背景下，我国中央和地方各级政府预算积极探索运用零基预算理念，打破支出固化僵化格局，科学核定支出预算规模，调整完善相关重点支出的预算编制程序，提高预算编制的科学性和准确性。正如 Schick（1990）指出："毫不夸张地说，一个国家的治理能力及水平很大程度上取决于它的预算能力。"近年来，我国央地政府努力推行零基预算改革，表面上是"打破支出基数"改变资金分配方法原则，实质上是优化政府职能与"权、责、利"的关系，本质上同治理体系和治理能力现代化的内在逻辑是一致的。

一、我国新一轮零基预算改革的时代契机

（一）契合应对经济新常态、确保财政可持续发展的时代需求

全面实施零基预算改革，对增强财政统筹平衡能力和经济可持续发展能力意义重大。当前财政收支矛盾尖锐，中央三番五次强调过紧日子的重要性，控制行政成本、保持预算平衡已成为主政者最关心的议题。零基预

算是对传统预算制度在理念、模式和机制上的彻底变革，就在这个黄金窗口期，主政者才有动力来展现政治魄力和冒险精神，打破片面求稳导致的“一碗水端平”。

（二）有助于打破固有格局，推动财政体制改革走向纵深

对于志在打破固有格局的预算改革者，零基预算更具有重塑预算权力结构的特殊吸引力。近年来财政改革如火如荼，但预算编制改革却依旧难以打破部门的固有利益格局，难以跳出原本身处“舒适区”带来的路径依赖和“基数”依赖。究其根本，预算编制改革是对预算分配权力结构的重塑，是财政体制改革的“深水区”、“硬骨头”，非有极大勇气难以推向纵深。零基预算可以从法理上打破传统预算的既有格局，从程序上确保各预算主体的参与度与自主权，从方法上促进预算优化与综合平衡。

（三）适合于风险社会背景下政府预算理性灵活的现实需求

建立现代财税体制的一个重要背景，是匹配政治经济环境变化、各种可预见和难以预见的风险因素明显增多。老百姓需要面对的公共风险最终会转化为政府的公共责任，对应的就是预算跟着风险走的财政支出责任。风险社会背景下政府预算迫切需要打破僵化固化格局，能够灵活应对内外环境的变化的预算方法迫切需要在预算过程中注入更多的理性因素。

（四）影响零基预算改革的重要条件基本具备

与20世纪90年代改革背景不同，此次零基预算的卷土重来，有近20年来逐渐完善的分税制财政体制做基础，更伴随着新《预算法》的实施和新一轮财税体制改革的推行，又有各级政府对零基预算的理念和原则、方法和程序以及顶层改革方案设计等方面都有较为丰富的创新实践经验，财政能力、技术支持、组织学习能力和制度约束等影响零基预算改革的重要因素基本具备，是厚积薄发站在现代财政制度上的零基预算新推进。当前，站在现代预算改革高起点上推行零基预算不是特殊时期的权宜之计，而是要借力推动一整套财政资金运转模式的改革优化①（见图7－1）。

---

①　吕彩凤．新预算法背景下我国实施零基预算改革的思考［J］．时代金融，2016（26）：202＋204

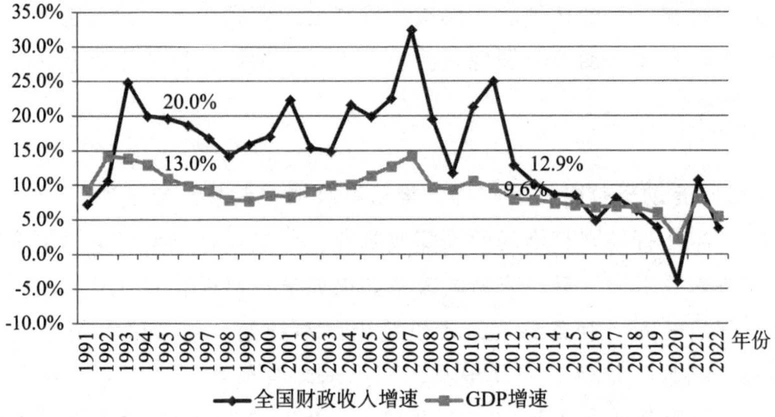

图 7-1 1991—2022 年 GDP 和全国财政收入增速

数据来源：Wind。

二、我国新一轮零基预算改革发展脉络

（一）2012—2019 年应对发展增速换挡阶段

2012 年以后中国经济发展增速换挡，进入新阶段，财政收入增速降幅远超过经济降幅，财政面临增收趋缓、支出增加的新局面，优化财政支出结构、提高资金使用效率成为纾解财政压力的重要路径。在这种形势下，零基预算因其有利于缓解财政压力、“均衡”财政收支又重新被纳入政府视野①。2014 年以来，山西、广东、陕西、吉林、重庆、青海、贵州、天津、山东、江西等一些地方政府宣布开始试点甚至全面实施零基预算，贵州、天津等许多省市区的零基预算改革得到了党中央、国务院特别是财政部的高度认可（杨广勇、杨林，2019②）。

（二）2019 年底至今应对紧平衡与不确定性阶段

2019 年底至今，我国经济运行稳中有变，在疫情影响持续、经济增速放缓、减税降费力度加大的背景下，财政收入增量空间缩小而支出压力

---

① 叶青，吕阳．“十三五”推行零基预算改革的研究［J］．经济研究参考，2016（32）：20-29.

② 杨广勇，杨林．零基预算改革效果评价与未来推进——以珠海市 A 区为例［J］．中央财经大学学报，2019（01）：3-14.

不减，财政收支矛盾进一步凸显。2020年的国民经济和社会发展报告、预算报告、全国财政厅（局）长座谈会等都强调“零基预算理念”。第十三届全国人民代表大会财政经济委员会《关于2019年中央和地方预算执行情况与2020年中央和地方预算草案的审查结果报告》明确要求，探索运用零基预算理念科学核定支出，提高预算编制的科学性和准确性。2021年《国务院关于进一步深化预算管理制度改革的意见》（国发〔2021〕5号）强调，要“坚持量入为出原则，积极运用零基预算理念，打破支出固化僵化格局，合理确定支出预算规模”。各级地方政府的零基预算实践更是积极踊跃，2022年安徽省人民政府印发《安徽省全面实施零基预算改革方案》（皖政〔2022〕60号），重点解决零基预算理念不够深入，一些领域支出固化僵化，财政资金配置效率和使用效益有待提高，财政保障党委、政府决策部署落实能力需要进一步增强等问题；山东省人民政府印发《关于进一步深化预算管理制度改革的实施意见》，提出统筹推进综合预算、零基预算、刚性预算、绩效预算、透明预算、可持续预算六个预算改革方向，进一步深化预算管理制度改革，健全完善标准科学、规范透明、约束有力的现代预算制度。经过几年实践，零基预算改变了渐进预算模式下的哪些矛盾与问题，面临着哪些现实障碍，未来的改革趋势是什么，相应的配套措施如何精准推进，这些都是我国建立现代预算管理制度、加强预算管理亟待解决的议题。

三、我国零基预算改革的主要做法

（一）围绕政府边界和支出责任划分，发挥政府保障事项清单在预算中的基础作用

将零基预算改革与厘清政府保障边界相结合，尝试采取政府保障事项清单或任务清单等形式明确政府保障的范围，并建立动态调整机制，作为预算安排的依据。厦门市根据政府承担责任分类确定保障程度和方式，采用正列举的形式，在全国率先编制公共服务内容清单、产业扶持事项清单、重大基建需求清单三类政府保障清单，构建权责清晰、分担合理的政府保障边界；黑龙江省在医疗卫生、教育、科技、交通运输四个领域划分改革方案中，努力推进事权清单化、支出责任规范化和基本公共服务保障标准制度化；天津市区分保障程度和方式，出台“战略领域”、“财政事

权”、“政策任务”三级目录，以此为依据实行预算分级管理；广东、江苏等多地实行“大专项+任务清单”模式，主要在农业、科技等领域根据政府保障边界区分“约束性任务”和“指导性任务”分类保障，定期开展评估，及时将党中央国务院的新要求、新政策纳入任务清单，根据地方政策需求和工作成效及时将已到期、不合理的政策移出任务清单①。

（二）针对支出结构与利益固化，着重推进现有财政支出政策的梳理整合

采用零基预算理念方法，打破约定俗成的规定约束，对预算期间的新旧业务进行全新的估计、评价、决策和追踪反馈，重点是对现有财政支出政策进行梳理，对政策到期的及时收回资金并统筹安排。2014 年新预算法的出台、2016 年《中央部门财政拨款结转和结余资金管理办法》的修订出台，为清理整合支出政策、盘活财政存量资金提供了依据。北京市结合年度任务和具体工作，按照“1 个市级业务主管部门在 1 类转移支付中保留超过 1 项转移支付”的原则，动态调整规范市级专项转移支付项目；重庆市建立预算执行“零结转”制度，对部门年底未执行完的预算，全部收回统筹，盘活存量资金，加大统筹力度，增强调控效能；青海省建立专项资金清单管理制度，压减整合用途接近、投向类似、交叉重复的专项资金，未纳入清单的项目不安排预算，同时推进存量资金“一年一清零”，年底前收回当年未执行完的项目资金，对支出进度滞后、存量规模较大的项目，相应减少下年度预算安排②（见表 7-1）。

表 7-1 部分省、自治区、直辖市财政支出政策清理整合成果统计表

省市	专项资金清理整合	存量资金清理整合
江西	省级财政专项由 2015 年的 332 项清理归并为 2019 年的 39 项	2020 年省级清理收回存量资金 13.3 亿元
北京	市级专项转移支付项目由 2015 年的 79 项减少至 2020 年的 23 项	

① 财政部. 全国地方财税体制改革典型案例汇编 [M]. 财政部深化财税体制改革业务培训班，2021.

② 财政部. 全国地方财税体制改革评估资料汇编 [M]. 财政部深化财税体制改革业务培训班，2021.

续表

省市	专项资金清理整合	存量资金清理整合
天津	3000 余个专项整合为 14 大类 140 余项	
河北	省级专项资金由 207 项整合为 137 项	
山西	省级专项转移支付由 2015 年的 279 项减少到 2020 年的 86 项	
辽宁	省级专项转移支付减少到 50 项	
江苏	2020 年省级专项资金 134 项，较 2012 年减少 80%	
浙江	省级专项转移支付由 2012 年的 235 项减少到 2020 年的 45 个	
福建	省级专项资金从 2013 年的 3601 项下降到 2020 年的 189 项	
河南	省级专项资金从 2015 年的 395 项压减到 2020 年的 87 项	2015—2020 年收回财政存量资金近 400 亿元
湖南	省级专项资金由过去的上千项压减到 2020 年的 47 项	
广东	省级专项资金 2021 年压减到 13 大项，比 2013 年压减 98%	
广西	自治区本级专项资金从 2015 年的 120 项压减到 2021 年的 40 项	2015—2020 年累计盘活财政存量资金 5963.91 亿元
重庆		2017—2020 年累计收回财政资金 35 亿元
西藏		2015 年以来累计收回自治区本级存量资金 164.3 亿元
陕西	2020 年省级专项从 102 项压缩为 68 项，规模从 932.74 亿元压减到 518.78 亿元	
甘肃	省级专项资金从 2013 年的 557 项压减到 2020 年的 64 项	
宁夏		2020 年盘活财政存量资金 21 亿元

（三）围绕预算和政策对标，将预算目标和排序指导作为预算前置条件

将预算绩效目标编制和排序指导标准作为预算编制的前置条件。以目

标导向为核心，加强政策前瞻谋划和排序指导，落实统筹兼顾要求；预算部门根据轻重缓急自主确定项目编预算，做实做细预算编制。一是明确优先原则，加强预算安排的排序指导。上海市将一个与推动高质量发展相适应的指标体系作为各级政府安排预算、分配资金的重要依据；天津市建立预算安排的正面和负面清单，优化项目资金顺序，人员工资、基本民生、政府偿债等5类支出作为优先项保障，对非急需一般性基建等5类支出不予安排预算；北京市建立部门报送项目排序清单机制，按项目轻重缓急、成熟度进行排序，结合财力，优先安排具备实施条件的刚性、重点项目。二是进一步强化整体支出绩效目标和项目绩效目标对预算安排的约束和引导。2020年甘肃省省级部门共编报预算项目绩效目标1025个，涉及资金947亿元；广东省要求全部支出项目必须申报绩效目标，并通过绩效目标审批后才能纳入项目库管理；贵州省将绩效目标作为预算申请和安排的前提条件，对没有绩效目标或目标设置不合理、效果不好的项目坚决予以取消或调整优化；青岛市对61项市级专项资金三个层级共1733个项目全面编制绩效目标。

（四）基于现实与技术可行性，重点加强“项目预算审核”

零基预算要求规范的审核评估，并将评估结果作为安排预算的重要依据。基于现实与技术可行性，各地零基预算普遍以项目库管理为依托，提高项目细化程度，建立跨部门资金统筹机制。针对部门“先要钱，再找具体项目分钱”的路径依赖和项目预算编制不实不细不准的问题，在编制预算时对部门拟出台的重大政策、支出项目开展事前绩效评估，强化了项目库的基础支撑作用，提高了项目审核的要求。重庆市建立预算公开评审机制，由人大、审计、相关专家等组成评审组，按照“项目支出政策依据是否充分、资金安排是否合理、绩效目标是否有效”的原则进行综合评审，压减低效、无效支出。山东省强化“从零开始”的政策评估机制，积极运用零基预算理念，建立新增重大政策和项目事前绩效评估机制。云南省要求本级所有专项资金预算必须细化到具体项目，列入预算安排的项目必须从项目库中选取。海南省探索建立项目预算评分机制，将项目重要性、成熟度、绩效等因素作为评分指标，结合财力优先安排。青海省按照政策标准和项目入库情况，逐项审核确定年度支出预算。

（五）围绕科学预算编制基础支撑，加强绩效评价和支出标准体系建设

没有清晰的绩效目标、客观的评价数据和支出标准体系支撑，零基预算无法对预算项目进行评估比较，无法进行支出项目的优先性排序，从而无法完成预算资金的配置。各地实践普遍将支出标准化和绩效管理融于零基预算的全流程，根据不同类型支出特点分类编制预算，要求所有预算项目必须纳入绩效管理，强化绩效评价的结果运用，将绩效评价结果与该地区的下一年度预算安排相对接。厦门市在规范保障程度方面，加快推进重点领域支出标准化管理，合理安排基本公共服务提标扩围节奏，及时调整清理不可持续事项；江西省确定 18 项基本支出公用经费定额标准，会展经费、物业管理费、信息系统建设与运维等项目支出通用定额标准，林业专业类定额标准等为科学编制预算提供基础支撑，并有序开展财政重点绩效评价，评价结果作为预算安排、完善政策和改进管理的重要依据。

四、我国零基预算改革面临的问题与堵点

（一）零基预算编制缺乏有效预算目标和绩效数据的指引

在零基的基础上，必须以绩效作为取舍和排序标准。国家治理活动范围和社会公共需求决定了财政职能界定、政府和部门规划、预算核心绩效目标，进而决定财政支出规模与结构。当前国家治理的复杂程度加深，治理涉及的领域越来越宽，治理的内容越来越丰富，治理的风险也在增加，国家治理公共需求也处在调整变化当中。政府、部门、项目和政策预算绩效目标和绩效管理与零基预算的需求还存在较大差距，经济社会各领域发展规划多较为宏观，所涉及重大政策和项目论证比较粗放，基础数据缺乏科学的评价依据，绩效评价机制依然较为欠缺。预算编制能够取得的数据大部分来自各个部门和单位。对其准确性和真实性缺乏鉴别手段，也缺少充分的分析论证材料，因而使一揽子决策方案的制定和选择带有很大的主观随意性。围绕政府和部门规划，核心绩效目标实施政策和项目打捆，实现职能重塑、任务整合、聚焦绩效目标配置预算也就有了支撑。

（二）零基预算存在程序上的遗漏环节和技术经验不足

零基预算所依赖的理性决策原则和程序与当前公共部门的预算决策过

程差别很大。严格的程序和节点把握是零基预算的灵魂，确认决策单位、发展决策包、决策包排序、准备执行预算，倘若其中一个环节执行不到位，就会影响实施效果。然而在当前的零基预算实践中，囿于制度与管理水平等条件限制，还存在程序上的遗漏环节和技术经验不足。一是未能按照零基预算要求合理确定预算基本单元。我国政府保障范围边界还不够明确，事权与支出责任的划分还不够清晰，人员编制相对固定且难以分割，除项目支出和少数单项职能支出外，很难围绕职能或事项确定成本核算中心，进行独立的成本效益分析，很多项目的支出事实上也难以划分清晰，预算的基本单元依旧以部门和层级为主。二是零基预算论证多个努力水平及其结果在实际工作中未能得到落实。零基预算要求确定基线的努力水平，论证多个努力水平及其结果，以此作为削减预算的基本参考，这大大增加了预算论证的工作量，当前，即使采取零基预算全面改革的省市和部门都没能很好地落实这一环节的要求。

（三）零基预算“优先性”评判标准和排序规则难以确定

零基预算理念要求对支出价值进行判别，这就需要设立判断标准，即为何否定一项支出，又如何确定一项支出。一是资源如何基于治理现代化要求排出优先顺序面临挑战。预算项目和结构越来越呈现复杂化与多样化趋势，包括项目间、部门间以及区域间，逻辑上需基于国家治理现代化的要求排出优先顺序。但现实中，项目间尚有一定基础，而部门间以及整个国家治理总体的资源配置，如何在经济、社会、政治等各项领域中找出优先顺序，目前尚无放之四海而皆准的标准。二是支出优先度的评判缺乏操作性的规则或明确的政治决策程序，一定程度上排序仍是由部门和财政讨价还价决定的。如某省发展改革部门每年都召集各个处室去财政厅进行谈判来确定哪些项目纳入当年预算。各地专项资金、结余结转存量资金的整合统筹，执行的程度和范围存在较大差异，有些无差别整合，有些按照经费的来源区别设置整合规则，有些按照经费类别设置整合规则，为何整合，按什么样的依据、什么样的标准整合都还缺乏清晰的规则。三是缺乏合理完善的支出标准体系支撑。此次零基预算改革，各地不约而同地提高了项目审核的要求，而合理确定项目支出预算规模的要义就在于完善项目支出标准体系。每个预算项目划分为不同的类别，按照不同的项目支出标准，自动计算形成相应的预算参考规模，从而确定基准线，强化项目审核的科学性和准确性。全国基本支出标准体系已基本建立，而项目支出标准体系因量大复杂专业却一直在路上。

（四）零基预算过于理性和理想化的要求难以适应复杂的预算关系与实际

零基预算要求各参与主体有足够的能力也能够保持完全的理性，对于机构和团队的管理能力和道德水平要求很高。为应对汇总后一揽子决策总数太多以及由此带来的巨大而庞杂的审核和文书等工作，零基预算的程序安排是要求最低一级机构审核所有一揽子决策包并进行排序，再往上的各级重点审核各自削减经费开支水平控制线以外或附近可能被削减的一揽子决策，也就是集中精力审核在上一级排序中被认为不那么重要的项目。这一程序设定取决于下级机构有足够的能力也能够保持完全的理性，已经将所有有意义的替代办法、费用削减以及提高效率和效益的机会都很好地分析过了，在削减经费开支水平控制线以内一揽子决策的制定和排序是科学合理的。但实际的政府预算内容和关系是相当复杂的，各级预算管理水平存在差异，完全的理性难以保证，长期的“博弈”让部门不相信按照实际情况就能得到更多预算，各级机构难免有策略性的操作或逆向选择，故意将重要的一揽子决策排列控制线外，让上级机构在审核时不得不将其排序靠前，以争取更多的预算支持。

（五）零基预算停留在与其他政策融合层面，对预算过程缺乏实质性的约束力

零基预算本身对于预算参与主体的预算行为缺乏有效的制衡与规范措施。当前，对于零基预算，中央层面的更多的只是理念上的强调，还没有上升到政策规范的层次；地方层面，天津、甘肃、贵州等地出台了专项的零基预算改革方案，在一些预算节点上落实了零基预算原则，但零基预算方法对预算全过程仍缺乏实质性的约束力。当前，各级政府运用零基预算理念方法主要以政策融合的形式改进预算过程和效果，更多的是通过将零基预算理念方法融入预算绩效管理、规范专项资金管理、盘活存量资金、预算支出标准化建设等一系列政策和改革措施，在一些预算节点上实现了零基预算的理念效果。

（六）零基预算面临改革不彻底和应用范围的局限

零基预算所要进行的是一个系统性的改革。首先，零基预算不是简单的成本控制，要求确定完成本部门任务或从事工作的最好方案和执行方法，这往往意味着政府自身的转型和政府服务方式的转变，政府自身的转型、政府服务方式的转变。其次，零基预算改革需要凝聚各方面力量，要求预算参与主体做最大程度的工作改进、机构调整、效率提高或成本费用的减少，所涉及的事权和支出责任划分、支出政策整合、预算绩效管理等领域，或涉及面越来越广，或敏感性越来越高，或直接涉及利益格局的调整，带来改革阻力和工作量的成倍增加，是财税改革的攻坚期、深水区。当前，各级政府改革者的初衷并不是要建立一个完整的零基预算体系，更多的是在现有预算制度下将零基理念和方法融入预算管理的各个环节，将着眼点放在对预算进行理念指导上，强调在预算既定基础上更加关注财政资金分配的目标优先性问题，其实质是将“零基预算”管理作为一种原则性工具，对传统投入控制为主的预算管理机制进行改进和完善，可以说已经实践了零基预算的初步层面应用，距离全面的应用还有较长距离。与1990年底零基预算所不同的是，此番各省是以零基预算为名，行预算管理改革攻坚克难之举，立足顶层设计，出台明确的政策指导文本，并辅以一揽子改革措施。

第八章

另一个视角：零基预算在私营部门的实践

1970 年，美国得克萨斯仪器公司人事研究部门在部门预算编制中成功地利用了零基预算编制方法，此后该公司的所有部门在编制预算时都成功采用了零基预算。随后，零基预算便先在美国的私营企业界广泛推广。私营部门实践零基预算的目的是找出非生产性成本，努力降低这些非生产性成本，并寻找能为企业带来长期增长的成本动因，为企业创造价值。

一、私营部门零基预算的理论框架

（一）概念

我国财政部发布的《管理会计应用指引第 200 号——预算管理》对零基预算的定义，是指企业不以历史期经济活动及其预算为基础，以零为起点，从实际需要出发分析预算期经济活动的合理性，经综合平衡，形成预算的预算编制方法。

零基预算是相对于增量预算的一种预算编制方法。增量预算，是指以历史期实际经济活动及其预算为基础，结合预算期经济活动及相关影响因素的变动情况，通过调整历史期经济活动项目及金额形成预算的预算编制方法。零基预算适用于企业各项预算的编制，特别是不经常发生的预算项目或预算编制基础变化较大的预算项目。

（二）程序

1. 彼德·A. 菲尔提出的私营部门零基预算编制步骤

彼德·A. 菲尔提出的零基预算编制有以下五个步骤：

（1）划分和确定基层预算单位。企业里各基层业务单位通常被视为能独立编制预算的基层单位。所谓的“预算单位”并不等同于日常生活意义上的单位，说白了，它指的就是需要钱的地方、部门、项目、活动等。预算单位到底如何确定，零基预算的设计者并没有作出硬性的规定，关键是看在哪一层次上编制预算。预算单位确定后，接下来是制定一揽子决策。

（2）编制本单位的费用预算方案。由企业提出总体目标，然后各基层预算单位根据企业的总目标和自身的责任目标出发，编制本单位为实现上述目标的费用预算方案，在方案中必须详细说明提出项目的目的、性质、作用以及需要开支的费用数额。

（3）进行成本效益分析。基层预算单位按下达的“预算年度业务活动计划”确认预算期内需要进行的业务项目及其费用开支后，管理层对每一个项目的所需费用和所得收益进行比较分析，权衡轻重，区分层次，划出等级，挑出先后。基层预算单位的业务项目一般分为三个层次：第一层次是必要项目，即非进行不可的项目；第二层次是需要项目，即有助于提高质量、效益的项目；第三层次是改善工作条件的项目。进行成本效益分析的目的在于判断基层预算单位各个项目费用开支的合理程度、先后顺序以及对本单位业务活动的影响。

（4）审核分配资金。根据预算项目的层次、等级和次序，按照预算期可动用的资金及其来源，依据项目的轻重缓急次序分配资金，落实预算。

（5）编制并执行预算。资金分配方案确定后，就制定零基预算正式稿，经批准后下达执行。执行中遇有偏离预算的地方要及时纠正，遇有特殊情况要及时修正，遇有预算本身问题要找出原因、总结经验加以提高。

2. 我国财政部对私营部门零基预算程序的规定

我国财政部发布的《管理会计应用指引第 200 号——预算管理》对零基预算程序步骤规定，提出企业应用零基预算工具方法编制预算，一般按照明确预算编制标准、制定业务计划、编制预算草案、审定预算方案等程序进行。

（1）明确预算编制标准。企业应搜集和分析对标单位、行业等外部信息，结合内部管理需要形成企业各预算项目的编制标准，并在预算管理过程中根据实际情况不断分析评价、修订完善预算编制标准。

（2）制定业务计划。预算编制责任部门应依据企业战略、年度经营目标和内外环境变化等安排预算期经济活动，在分析预算期各项经济活动合理性的基础上制定详细、具体的业务计划，作为预算编制的基础。

（3）编制预算草案。预算编制责任部门应以相关业务计划为基础，根据预算编制标准编制本部门相关预算项目，并报预算管理责任部门审核。

（4）审定预算方案。预算管理责任部门应在审核相关业务计划合理性的基础上，逐项评价各预算项目的目标、作用、标准和金额等，按战略相关性、资源限额和效益性等进行综合分析和平衡，汇总形成企业预算草案，上报企业预算管理委员会等专门机构审议后报董事会等机构审批。

3. 轻零基预算——私营部门的程序改进

所谓轻零基预算，是指在零基预算的原则之上，综合考虑企业不同业务部门和不同职能的成本特殊性。这种预算方法尤其适用于与收入不直接挂钩的成本项目的预算。近些年，在私营部门轻零基预算作为一种新的零基预算理念正在流行。它既能兼顾“不做后悔”和“后悔没做”的两种遗憾，又可以避免陷入这两种困境，同时还是一种全新的预算思维。

（1）在有限范围内沿用决策单元和决策包等核心程序。轻零基预算仍然沿用零基预算的一些核心概念（比如决策单元和决策包），引导企业采用创新的方法来执行预算功能，并有效降低零基预算的工作强度。轻零基预算能有效弥补零基预算的不足，但实际操作起来仍存在一定难度，尤其是其需要对所有第一手业务数据进行非常细致的预先规划。同时，轻零基预算针对的是企业内部的某些特定的业务单位，而识别这些业务单位需要非常细致的前期准备工作。然而，即使轻零基预算方法操作复杂，且需要大量前期准备工作，但从创新的角度看，企业仍应该考虑轻零基预算。轻零基预算不仅使财务经理解除被解雇的后顾之忧，还能与企业发展战略方向保持一致，并有效避免传统预算中某些成本预算的“自动”增加，还能打破传统预算中严格的假设条件，提高预算效率。

（2）进行稳健性检验提供财务支撑。需要注意的是，即使企业实施了轻零基预算，也不能保证其能发挥应有的作用。在实施轻零基预算时，还需要进行以下 3 个稳健性检验，从而为降低成本目标提供实实在在的财务支撑。

第一步，诊断财务数据。诊断财务数据是采取轻零基预算能达到的基础效果。财务经理通过建立一个企业财务数据集，对企业不同区域、不同部门和不同成本类别（如差旅及其费用）的销售、一般和行政费用与毛利润的大小进行对比分析。诊断财务数据有利于划分企业不同部门的职能，帮助企业为实现利润增长进行全面的评估。

第二步，确定预算基准。有了诊断财务数据结果，财务经理就可以确定相应的财务指标参考值，再将企业实际财务数据与参考值进行内外部对比。财务经理首先要对比企业内部的历史数据，计算历史上某项成本项目收入的比重高低，例如，通过过去 5 年的历史成本数据来计算企业的投入产出比。再将这些数据与外部行业平均数和同行业的标杆企业的数据进行对比。通过内外部对比来设定企业未来的可实现目标，如果可以的话，再制定更激进的目标。

第三步，定义预算的实现标准。这也是最后一步明确定义每个部门的预算实现标准。例如，用什么标准来判断人力资源部门的预算是否达成——是招聘成本降低，还是人员流失率降低？再比如，营销部门的预算达成是什么标准——是销售周期加快，或客户群扩展，还是销售收入增加？定义预算的实现标准，需要通过深入的数据分析，找到预算达成的驱动因素及相关成本支出，从而进行准确定义。

通过上述 3 个步骤，企业才能从战略上实施轻零基预算。诚然，对企业来说，实施轻零基预算是一项非常艰巨的任务，但凡事预则立，不预则废，成功的轻零基预算能让企业插上腾飞的翅膀，不仅给投资人带来收益，还能让财务经理不再纠结于“不做后悔”或“后悔没做”（见图 8－1）。

（三）应用环境

财政部《管理会计应用指引第 200 号——预算管理》指出企业应用零基预算工具方法应遵循应用环境的一般要求：一是企业应结合预算项目实际情况、预算管理要求和应用成本选择使用零基预算工具方法。二是企业应用零基预算工具方法应明确预算管理责任部门和预算编制责任部门分工。三是预算管理责任部门负责组织各部门确定和维护各预算项目的编制

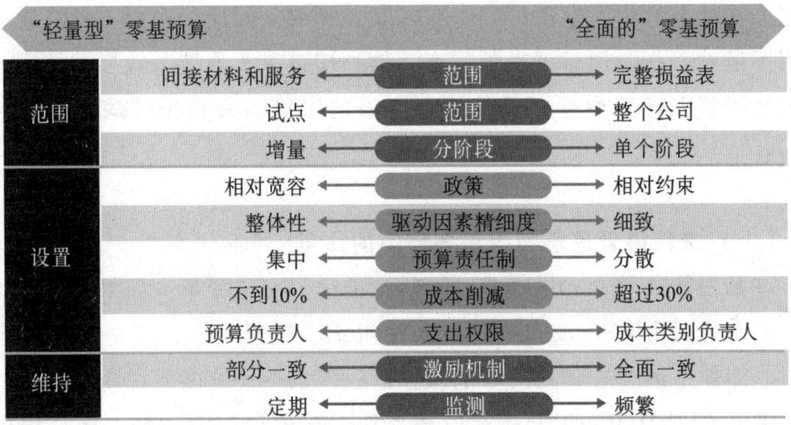

图 8－1　“轻量型”与“全面的”零基预算比较

标准，组织各具体预算项目的编制；预算编制责任部门具体负责本部门业务计划和预算的编制。

（四）与私营部门传统预算的比较

1. 预算的基础不同

调整预算法的编制基础是前期结果，本期的预算额是根据前期的实绩调整确定的。零基预算的基础是零，本期的预算额是根据本期经济活动的重要性和可供分配的资金量确定的。

2. 预算编制分析的对象不同

调整预算法重点对新增加的业务活动进行成本效益分析，而对性质相同的业务活动不作分析研究；零基预算法则不同，它要对预算期内所有的经济活动进行成本效益分析。

3. 预算的着眼点不同

调整预算法主要以金额高低为重点，着重从货币角度控制预算金额的增减。零基预算除重视金额高低外主要的是从业务活动的必需性以及重要程度来分配有限的资金。

二、私营部门零基预算应用普遍的问题与困难

私营部门对零基预算的应用显而易见不够顺利，贝恩的调查中，用户对零基预算的满意度打分是 25 种管理工具中最低的。从贝恩与各行业上

百家公司的合作中，发现了四个在零基预算的实际应用中常犯的错误，也说明了虽然有些公司对零基预算充满信心却难以实现持久效果的原因。高管未能了解在零基预算方面普遍会面临的困难，会常犯哪些错误？可能包括：

（一）未获得管理层和组织各部门的认可

零基预算既需要文化变革，同时又推动了文化变革。如果零基预算失败，通常是因为CEO没有有效地激励组织、赢得人心，或是妥善地解决障碍。即便是最野心勃勃的零基预算措施，也不一定能实现令人满意的结果，除非CEO从第一天开始就发声支持，在项目的设计和实施过程中努力获得管理层和组织各部门的认可。

（二）无差别的成本削减

不少管理者认为，零基预算就是对所有成本全盘一刀切，许多人把零基预算和全面成本缩减联系在一起，这是一种错误的看法，也是错误的起点。作为一项成熟的成本管理能力，零基预算可以帮助公司更好地区别战略和非战略成本，这是重新配置资金、集中到高回报投资的第一步。如果零基预算失败了，通常是因为领导人没有投入和达成一致，无差别地全面削减成本，以成本控制为主，执行力度不够，把节奏掌控、工具使用和对标分析看得比能力构建更重要。

（三）以成本控制为主要关注点

企业一般把零基预算视为成本措施而不关注其他方面，比如忽视推动增长的战略再投资、提高员工敬业度的主人翁精神。企业经常会忽视零基预算的重要战略作用：将节约成本再投资于关键领域，从而推动未来增长。

（四）没有意识到员工是项目执行关键

如果企业从一开始就没能让员工正确地理解零基预算是什么和不是什么，那么肯定会出错。即使企业制定了有效的零基预算项目，开始全力推行一个有效的零基预算项目，常常会发现因执行不力而陷入困境。企业把节奏掌控、工具使用和对标分析看得比能力构建更重要，如果只是将零基预算视作某个需要“执行”的项目，公司更加注重流程而不是人员和文化，那么，结果可能是令人失望的。许多公司在指导和培训员工采用新规范上投入的时间和精力太少。比如部分管理者会过于看重工具使用、对标分析和节奏掌控，而轻视了对员工进行全新行为规范的培训。

（五）优缺点

和传统预算编制方法比，零基预算具有以下优缺点：

1. 零基预算的主要优点

（1）有利于提高员工的“投入—产出”意识。传统的预算编制方法，主要是由专业人员完成的；零基预算是以“零”为起点观察和分析所有业务活动，并且不考虑过去的支出水平，因此，需要动员企业的全体员工参与预算编制，这样使得不合理的因素不能继续保留下去，从投入开始减少浪费，通过成本效益分析，提高产出水平，从而能使投入产出意识得以增强。

（2）有利于合理分配资金。每项业务经过成本效益分析，对每个业务项目是否应该存在、支出金额若干都要进行分析计算，精打细算，量力而行，能使有限的资金流向富有成效的项目，所分配的资金能更加合理化。

（3）有利于发挥基层单位参与预算编制的创造性。零基预算的编制过程中，企业内部情况易于沟通和协调，企业整体目标更趋明确，多业务项目的轻重缓急容易得到共识，有助于调动基层单位参与预算编制的主动性、积极性和创造性。

（4）有利于提高预算管理水平。零基预算极大地增加了预算的透明度，预算支出中的人头经费和专项经费一目了然，各级之间争吵的现象可能缓解，预算会更加切合实际，会更好得起到控制作用，整个预算的编制和执行也能逐步规范，预算管理水平会得以提高。

（5）有利于灵活应对内外环境变化。一是以零为起点编制预算，不受历史期经济活动中的不合理因素影响，能够灵活应对内外环境的变化，预算编制更贴近预算期企业经济活动需要；二是有助于增加预算编制透明度，有利于进行预算控制。

2. 缺点

一是预算编制工作量较大、成本较高；二是预算编制的准确性受企业管理水平和相关数据标准准确性影响较大。

三、私营部门零基预算的最新实践

近年来，私营部门高管普遍对零基预算感兴趣，但实际采用率低。贝恩对全球各地不同行业近 1300 名企业高管的最新调查显示，在 25 种不同的管理工具中，零基预算的第一提及率越来越高，但实际采用零基预算方法的公司比计划采用该方法的公司少得多，2017 年，全球有超过 50% 的受访者表示打算在 2018 年使用零基预算方法；德勤 2012 年的预算和预测调查得出结论，41% 的受访者使用了传统预算（基于定性论证的上年财务数字增量定义），而 34% 的受访者使用了可能包括 ZBB 组件的混合预算方法。美国政府财务官员协会（GFOA）的一项调查显示，尽管降低成本是寻求自由资本投资于增长机会的私营企业的历史上常见策略，但私营部门的限制性预算做法也有所上升。自 2008 年经济衰退以来，对 85% 的波动性和不确定性高于平均水平的首席财务官来说，限制性预算，包括 ZBB 及其组成部分，代表了一个通过积极降低成本来支持增长、来降低风险的机会，同时重新评估短期战略和长期战略。

（一）零基预算在消费品行业的应用

在过去的几年里，宝洁、卡夫、亿滋国际、家乐氏、可口可乐等消费品公司都采用了零基预算法。根据贝恩市场咨询公司的调查，38% 的美国公司 2016 年采用了零基预算法，如 3G 资本就在亿滋国际、金宝汤等公司实践了这种预算方法。这个比例在 2014 年只有 10% 。此外，越来越多的欧洲公司也开始效仿使用零基预算法，主要集中在食品饮料等快消品行业，其中包括百威英博、帝亚吉欧等公司。法国酒业集团保乐力加也已经在特定的项目和地区使用零基预算法，该公司并非每年都采用零基预算法，只有在考虑到公司必须“提供更多价值”的时候才会这么做。

越来越多的企业高管考虑把零基预算作为一项成本削减工具。但许多人会失望，因为他们只是把零基预算视为成本削减工具而不是成本管理方法的重大改变。

虽然高管们在理论层面上青睐零基预算，但是当他们面对实际应用需要的条件时，往往选择推迟或是中止。他们一开始认为，零基预算只是在制定今年的预算时简单地忽略上年数据，一旦发现实际远比想象的复杂，需要从根本上改变公司的成本管理方法，就会感到畏惧。如果企业仅仅把零基预算视为一项工具，而不是成本管理的转型方法，他们有可能在第一年成功节约成本，但很快又归于最初。打个比方，减肥有一种方法是节食，可以快速减轻几斤，另一种是通过改变生活方式来改善整体健康状况并在这个过程中减肥，这就是两者之间的差异（见图8-2）。

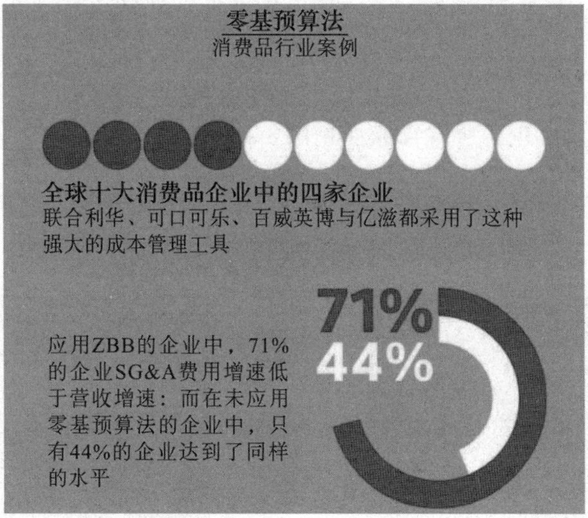

图8-2　消费品行业零基预算应用

（二）零基预算在医疗科技行业的应用

医疗科技公司高管普遍对零基预算感兴趣，但却迟迟没有部署这项工具。成本管理向来是医疗科技公司的一大难题。贝恩此前进行的调查表明，80%的医疗科技公司高管表示，他们在未来2年至3年将面临“比较高”或“非常高”的成本压力。具体看，许多因素互相杂糅，形成了价格压力，比如医院网络的整合、采购团队的专业化等趋势。而伴随疫后市场环境持续变化，医疗科技行业亟须做出改变。展望疫后，全新的市场环境促使许多公司考虑采用更加激进的成本管理方法——零基预算。贝恩发现，如果零基预算法能够在整个公司推广并且得到落实，最高可以节约25%成本。尽管如此，许多医疗科技公司却迟迟没有部署该方法。

调研显示，在熟悉零基预算的医疗科技公司高管中，70%受访者认为该法则有用，但是只有15%受访者在整个公司层面开展了大规模的零基预算项目。迟迟没有部署零基预算的企业高管表示，他们担心这种方法比较复杂，可持续性不强，此外，对于这项法则的运作方式不甚熟悉是另一大顾虑。

为何零基预算能够如此有效？通过实施零基预算，医疗科技公司的支出可见度得以大幅提升，问责机制不断增强：领导团队可以清楚地了解钱花在哪里、谁在花钱以及产生成本的日常活动。洞悉这些因素是一项巨大优势，由于公司业务遍及全球，各个业务部门往往专注于不同的治疗领域，自负盈亏，所以一般很难追踪支出情况。值得注意的是，根据贝恩的调研结果，有 80% 受访公司在过去 5 年开展了大规模的成本削减项目，只有 10% 表示实现了所有目标（见图 8 –3）。

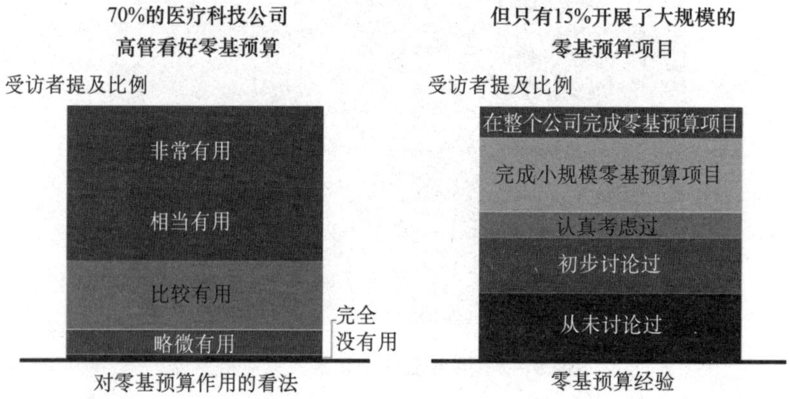

注：六名受访者表示他们从未听说过零基预算；调查问题：在您看来，零基预算对贵公司的作用有多大？以下哪一项最恰当地描述了贵公司的零基预算经验？

资料来源：贝恩2018年医疗行业零基预算调查（样本数量=50）。

图 8 –3 医疗科技公司零基预算应用

医疗科技公司高管表示，“瘦身失败”的主要原因之一是支出不透明和问责力度不够。举个例子，公司可能把大部分预算都分配到了“其他销售及管理费用”等包罗万象的科目中，使得分析难度加大。又或是公司可能会把成本分散到许多不同的预算和总分类账科目中，导致难以全面了解支出情况。我们的调研结果显示，只有 24% 的受访高管认为公司在支出问责方面表现“非常出色”，以及只有不到 12% 认为公司在支出分配方面表现“非常出色”。医疗科技公司高管指出，目前的成本体系无法满足他们的需求。

通过零基预算，企业有机会反思组织内部的所有工作，确保每分钱都花在刀刃上，投入到促进企业战略落地和持续增长的领域中。对于横跨不同业务部门、职能部门和地区的成本类别，零基预算要求每位员工都肩负起节约成本的责任。同样地，零基预算更可以帮助医疗科技公司腾出关键资金，加大对优先研发项目的投资的同时构建持续优化成本的能力（见图 8－4）。

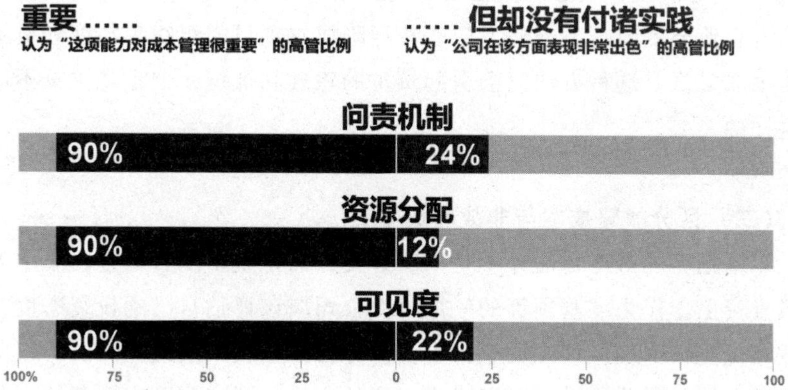

注：调查问题：您认为以下各项对于构建可持续的成本管理能力有多重要？贵公司在构建可持续成本管理能力的各方面表现如何？

资料来源：贝恩2018年医疗行业零基预算调查（样本数量=50）。

图 8－4　医疗科技公司零基预算有效性问卷统计

四、私营部门零基预算的有效经验

为了达到最好效果，“瘦身成功”的企业会根据组织文化量身定制零基预算项目，除了沟通之外，要让组织各级全力投入、做出正确的战略和业务选择、获得广泛的支持。贝恩采访了 400 多位企业领导，了解他们的转型变革经验。首先，以预期转型力度和组织准备就绪程度为依据，确定项目范围。其次，明确哪些要素应该集中管理，确保全球成本类别负责人在与预算负责人的合作中取得适当平衡。最后，领导人决定激励机制和预算的精细化和可视化程度。这个过程中，企业不需要开足马力一步到位，而是可以逐步构建能力，逐渐加快进程。在此，成功运用零基预算的企业所遵循的四条法则是：

（一）将实施零基预算作为管理团队的首要任务

领导者应当明确远大使命，阐明转型的必要性。启动零基预算项目前，领导团队必须获得组织各级的认可和大力支持，而CEO和CFO等高管应该让所有人明白，零基预算不是简单的成本削减工具，而是改变支出方式的全新成本管理方法，从而建立高绩效的企业文化。零基预算不仅要进入CEO的议程，还必须排在前五的位置。建立一项新的成本管理能力，意味着企业要重新调整战略方向。普通降成本项目的组织参与度和员工成功奖励非常低，这种方法只会引起员工的怨气和抵抗，但零基预算不应该是这样的。

（二）区分战略成本与非战略成本

零基预算的最终目的并不是削减开支，而是重新配置资金、集中到高回报投资上。作为零基预算的一部分，公司应该评估自己的投资态度，根据战略优先级明确应该在哪里集中资源，在哪里大幅削减支出。不仅应该确定重点培养哪些能力，从而成为一流的企业，还应该确定哪些能力不是战略重点，从而占据领先的成本优势。

（三）以节约促增长

完善的零基预算项目可以化繁为简，简化组织结构、减少繁琐流程，让员工更好地完成工作，并为高绩效人员解除束缚。这将激发员工的敬业度和主人翁精神，有助于确保零基预算项目的顺利落地。对于那些希望通过改进的成本管理来释放资本、来实现增长的组织，ZBB提供了降低成本的诱人可能性，同时以运营效率的形式带来额外的价值。在最好的情况下，ZBB可能会在6个月内将销售和管理成本降低10%—25%（德勤，2016）。

（四）为行为转变铺平道路

ZBB可以通过挑战每一个项目和假设来帮助公司面对传统的思维和资源分配。领导者和一线人员运用工具来改变成本管理方式，这些工具才能提高财务可见度。领导者从一开始就正确理解零基预算是什么而不是什么，将其视作一项全新的能力——既可以推动企业文化变革，又需要领导团队持续投入和发展，才能实现它的最大潜力。这两种思维方式之间的差异很大，后者才能赢得零基预算的“三重彩”——提高营业收入、利润和员工敬业度。从根本上转变思维模式，实际上，零基预算是一项全新的能力，需要同时推动企业文化变革。同时也需要持续的投入和发展，才能实现它的最大潜力。领导人必须从根本上转变思维方式，从“我们计划在全公司推广零基预算”，变成“我们只有协助组织接受和运用零基预算，才会有效果”。这两种思维方式之间的差异很大，前者会导致零基预算达不到预期效果，而后者则能赢得零基预算的“三重彩”——提高营业收入、利润和员工敬业度。一方面，需要配备新的工具和流程来提高财务可视性和改善成本管理。另一方面，还应该把这些工具充分融入员工的工作中，推行全新的成本管理方法（见图 8－5）。

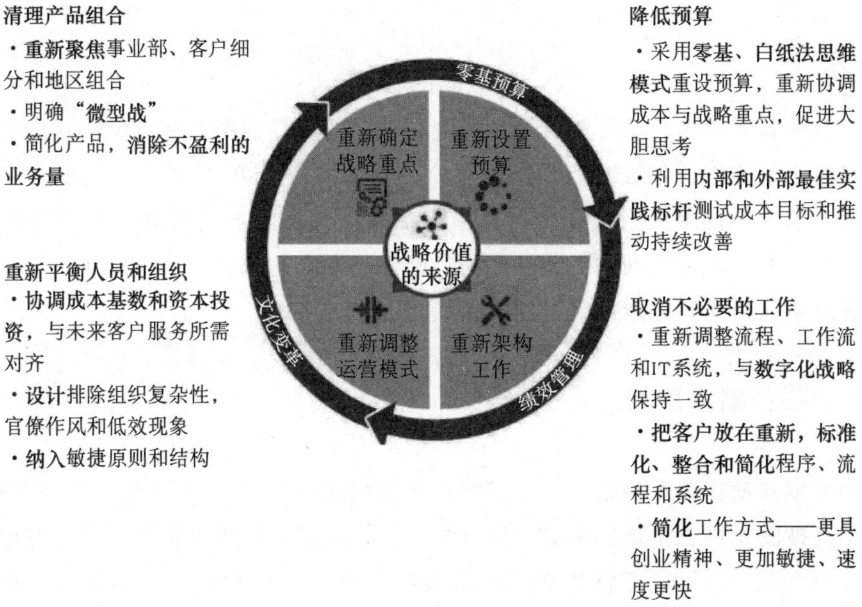

图 8－5　私营部门零基预算理论逻辑图

第九章

未来趋势：零基预算的改革路径和建议

随着党中央、国务院以及各级主管部门的反复强调，零基预算理念已成为上下共识，各级政府零基预算实践探索更是层出不穷，呈现出“中间扩散型”的发展特征。为有效指导零基预算在全国实践操作与演绎推进，需要针对存在问题的共性原因打破普遍存在的瓶颈制约，优化零基预算改革的路径，采取可行性的对策措施。

一、基本思路

零基预算理念清晰，实际运用要求却极高。一是“从零起步”，有助于打破固化；二是理性主义，以科学决策为基础分配预算资源；三是有序分配，在较高层次上将各部门“决策包”合并形成政府的总体排序，突出轻重缓急。直接的目标意义在于运用零基预算理念，打破支出固化僵化、预算安排只增不减的格局，盘活用好沉淀和闲置资金资产，为过“紧日子”提供制度保障。更深远的意义在于以预算编制改革为突破口，打破固有利益格局和路径依赖，提升预算管理的宏观指导职能、重塑优化预算分配权力结构等。

我国零基预算改革逐步深入，但目前仍处于探索阶段，尚未形成全国统一的改革模式和实施路径，仍需进一步明晰改革的基本路径。以“治国理政”需求为基点，强调零基理念指导，树立风险分析框架，优化统筹、分层考量、突出重点、完善机制。

首先，零基预算的理念共识仍需巩固。但改革不能局限于理念上的浅尝辄止，否则不能从根本上解决问题。其次，要加强其他改革措施对零基预算的支撑与补充。或针对零基预算本身对于预算参与主体的预算行为缺乏有效的制衡与规范的弱点，出台相应的政策办法。最后，不必重塑全部的预算过程，要重点把握零基预算关键节点。囿于制度、现实、技术和零基预算方法自身的不足，不太可能也没有必要按照完整的零基预算体系重塑预算过程，但要力争在关键环节上取得实效。

在改革的指导原则上：一是以“治国理政”需求为基点。立足于“治国理政”、以满足国家治理活动中的社会公共需要为预算逻辑起点。并以国家治理能力是否提升作为判断零基预算改革是否成功的标准。二是强调零基理念指导。打破固化的“基数”思维定势，从零开始，改进和规范预算资金分配，精细化科学预算管理，根据财力情况和支出项目优先排序分配资金，实现综合平衡和财政资金效益最优化。三是树立风险分析框架。预算决策审查评估的标准以风险为主题，用风险分析框架来规划和审查预算，审查的重点落脚到未来重大风险问题的解决上，以风险为导向制定努力水平基线，在此基础上再制定预算开支水平基线。

改革路径上：优化统筹。围绕改革目标任务，统筹架构、把握核心节点，精心谋划、落实责任，积极发挥部门职能，不断深化各项改革措施的落地。分层考量。兼顾零基预算实施的情景化要素，在改革模式和细化标准上遵从差异性。重视经济发展水平、政府能力、财政资源等的因素影响，适当调整和简化零基预算的具体流程和细化标准，推进地方零基预算管理模式和内容的创新。突出重点。把支出政策整合、严格项目审核、分级分类管理摆在更加突出位置，落实这些改革目标需要强大的预算体系支持，需要更多的投入和保障，需要体制机制的改革创新。完善机制。结合预算管理一体化系统，花大力气将零基预算理念、项目库管理、绩效预算予以标准化，并嵌入到预算管理流程和系统里，力求固化改革成果。

二、可行路径

（一）制定预算优先目标指引促进战略计划与资源配置的结合

科学的预算指引既是规划和编制预算的指南，也是评价预算项目的尺度和标准。一是提高预算指引立法层次。由国务院牵头联合各部门制定出台年度预算优先目标指引，随年度预算通知一并下达，强化各级的理性认识，制定年度预算优先目标指引，强调零基预算理念，发挥预算导向机制将国家的战略方针、长期和中期规划与年度预算的编制连接起来，为有限财力资源如何配置于“国家治理目标”需求指明方向①，为各部门制定年度预算提供指南。二是突出“治理体系和治理能力现代化”需求。围绕国家治理目标，详细确定重点支出安排的预算指引。具体操作上可结合实际情况，借鉴天津市预算安排正负面清单、上海市高质量发展指标体系、美国政府预算备忘录等形式。三是要突出重要性和优先性原则。在内容上，根据国家政策的重点确定支出优先原则，说明年度预算的指导思想、各项指标、重要任务和要求，并将分散于各部门的政策依据及其变化梳理出来，如国家关于宽带普及率的新调整、关于专利审核周期效率的新标准等。四是在执行上按照部门事业发展目标的轻重缓急程度编制预算。各级预算部门要严格遵循预算优先目标指引，做好预算编制、排序和分配，包括寻求自身优先考虑的目标，为实现优先目标所采取的行动和步骤，决定由谁为何种目标负责，确定对目标进程进行测定的方法等。

（二）分级分类支出审查实现优胜劣汰

零基预算必须通过评估、评审等方式梳理支出优先性次序，但全面审查在国内外实践中已证明不可行，按照分级分类的思路优化预算审查，通过预算优先目标和中期规划指引弥补无法全面审查的不足，是较为实际科学的选择和做法。一是要合理确定各级预算审查的权限。对各级预算部门赋予相应的预算审查和决策自主权，上级决策部门重点审议政策性问题、对现有计划进行的重大调整、新计划项目和资本开支，优先安排意义重

---

① 朱殿骅，伍学进．国家治理现代化目标下的公共预算制度优化研究［J］．财政科学，2017（01）：118－124.

大、论证充分、条件成熟的项目。二是要分类明确对年度预算审查的范围。对年度预算审查的范围，传统的做法是将评审的重点放在新增和超支项目上，“削减”经费开支水平法将审核的重点放在对待削减或调整的项目上，部分国家和地区依据项目开支规模确定审查重点，这些方式在预算过程中都难以避免预算主体的策略性行为和逆向选择等问题。结合当前实际，建议依据支出性质分类设定支出审查的重点，具体操作上可借鉴部分国家新零基预算的经验方法，设定年抽查频率、抽查时效、抽查部门的规定，具体通过每年10%左右的项目抽查频率，将理想化状态下要求一年完成的对所有项目的审查，改变为8—10年对所有项目一次性零基预算审查的办法。零基预算应被视为一个长期的管理发展过程，而不是一年的万灵丹①。

（三）融入绩效导向实现预算分配“零基础”

融入绩效导向的零基预算，将绩效结果与政府绩效、预算管理挂钩，通过绩效指引支出优先顺序，形成退出机制，拓展预算资源的配置空间。在推行零基预算过程中，逐步建立以绩效目标为先导、以优化排序为核心的预算编制和分配机制，强化绩效成本管控。一是强化项目绩效目标管理。对所有纳入零基预算项目库的项目都设置明确、可衡量的绩效目标和绩效指标。二是按照优先原则分配资金。按照轻重缓急的顺序形成预算申请的依据，依据决策排序表提出资金分配水平。三是构建预算安排与绩效评价结果的挂钩机制。将绩效管理理念融于零基预算的全流程，督促单位做实预算，按需申报，要求所有预算项目必须纳入绩效管理，强化绩效评价的结果运用，将绩效评价结果与该地区的下一年度预算安排相对接，对于项目绩效质量不高的，缩减甚至取消预算安排。

（四）结合项目库的项目预算形式促进预算信息完备

项目预算形式是最符合零基预算管理要求的基本单元，所有预算支出都以项目形式纳入预算管理现实中难以做到，但应强调将预算尽可能项目化。一是依托预算管理一体化系统。将项目库与预算管理全流程都建立直

---

① Jae K. Shim, Joel G. Siegel, Allison I. Shim. Zero - Base Budgeting: Priority Budgeting for Best Resource Allocation [M]. Budgeting Basics and Beyond. 2012.

接联系，为项目预算编制提供充分便捷的数据信息基础，促进预算管理各个环节的工作效率提高。二是加强项目预算形式的应用。逐步扩大专项资金项目化预算的范围，探讨人员支出、公用支出等项目化预算审核排序的可行性。三是结合项目库加强管理。在预算编制前进行项目储备，全年开放项目库申报，设置绩效目标审核、项目评审等前置环节，并定期进行项目清理，进一步保障项目质量。

（五）遵循零基预算理念统筹优化支出政策体系

大多数预算编制方法是把项目和政策协调掩盖在一大堆数字后面，冲散这股迷雾的方法是收集政策信息并在预算中摆出来。要遵循零基预算理念，清理整合优化支出政策体系，打破预算资金分配路径依赖。一是支出政策全生命周期管理体系。要加快构建涵盖事前评估、跟踪调整、事后评价和到期清理的支出政策全生命周期管理体系。清理一批指导作用不强、产出效益不高的政策，大力破解支出固化问题，分辨各项工作的轻重缓急，促使资金流向更富有成效的计划项目。二是要重视对减收增支政策调整的决策。如对于基本公共服务提标扩围节奏的调整、财税优惠政策的调整等，要及时调整清理不可持续事项，防止脱离实际的过高承诺。三是要规范支出政策调整决策程序。为防止"一刀切"，又要防止政策调整的随意性，保障政策的权威性，政策出台时，对后续政策调整的主体、时限、权限和范围应有相应的明确和约束。关于存量资金，国家规定结转两年以上的存量资金收回财政统筹使用，近年来各省各部门在执行这一政策过程中进行了或加码或松绑的调整，如天津市规定对当年预算执行率不足30%的项目支出结余部分全部清收财政统筹使用，科技部最新出台规定科研项目结余不收回财政统筹使用。诸如此类的政策调整都要在程序上予以严格规范。

（六）完善支出标准体系夯实预算编制基础

将零基预算与完善财政支出预算核定标准体系相衔接。此次零基预算改革，各地不约而同地提高了项目审核的要求，而合理确定项目支出预算规模的要义就在于完善项目支出标准体系。目前，全国基本支出标准体系已基本建立，而项目支出标准体系建设依旧任重道远。首先，分类分步骤完善支出标准体系。可以为每个预算项目划分为不同的类别，从单项支出标准体系，到衡量决策单位效率、效益和工作量的具体标准，按照不同的支出预算标准自动计算形成相应的预算参考规模，从而确定基准线，强化项目审核的科学性和准确性。其次，在绩效分析的基础上修订完善标准。分领域分项目进行全成本预算绩效分析工作，在此基础上研究形成或修订定额标准，并将结果应用于下年度预算编制中。最后，在出台预算编制标准的同时，配套完善服务内容标准、质量标准和资产配置标准等。

（七）加强技术的整合与支撑

在人员力量整合上寻求突破。当前各级财政部门已成立预算绩效管理中心和预算评审中心，虽是两套人马两套班子，实际管理目标和职能上有很多重合的地带，零基预算必然要以预算绩效管理为基础，预算绩效管理也无法独立超然，必然要与预算过程、政策调整、预算安排有机结合才有实质意义。在当前形势下，要深刻研究预算评审和预算绩效管理的现实需求与可行性，可考虑将预算绩效管理中心和预算评审中心在机构设置、职能和人员配置上予以整合。

在技术力量上实现提升。提升政府数据信息管理水平。打破各部门间信息孤岛现状，联结发展改革委、财政、税务、统计、海关等部门的数据系统，形成经济社会财政大数据库，统一统计标准和口径，实现相关数据的实时共享和可比。在逐步建立推广全国通用的预算管理一体化信息系统中，依据零基预算要求，规范业务流程和业务操作，逐步实现财政部门内部以及财政部门与其他部门的信息共享和互通。

第十章

案例与思考

一、案例一：天津

近年来，天津市坚持以习近平新时代中国特色社会主义思想为指导，认真贯彻落实党中央、国务院关于“过紧日子”的部署要求，积极探索零基预算管理“4G”模式，以实际支出需求为导向，以资金使用绩效为核心，坚持精打细算、节用裕民，主动挖潜、盘活存量，硬化约束、强化统筹，实行预算总收入在全市大盘子下统筹使用，集中财力保民生、促发展，推动预算管理方式转变和效能提升，最大限度地发挥财政资金的规模效应、整体效益。

（一）背景情况

天津市作为四大直辖市之一，地理位置优越，是首都北京的门户，油、气、盐、煤等资源丰富，是近代工业发祥地之一，工业基础雄厚，是我国北方重要的工业基地。作为我国北方最大的港口城市和沿海开放城市，是中蒙俄经济走廊主要节点、海上丝绸之路的战略支点、“一带一路”交汇点、亚欧大陆桥最近的东部起点。近年来，随着我国进入高质量发展新阶段，国内外环境正经历深刻变化，世界经济仍处在国际金融危机后的深度调整期，保护主义、单边主义上升，经济全球化遭遇逆风和回头浪，天津市也面临着风险挑战叠加碰头、结构性体制性周期性问题相互交织的局面。当前，天津市正处于转变发展方式、优化经济结构、转换增长动力的关键时期，经济下行压力加大，财政收支也面临着严峻形势，主要表现在：一是财政收入大幅下降。受经济结构调整、落实大规模减税降费政策等因素影响，全市一般公共收入由 2016 年的 2723 亿元降至 2020 年的 1923 亿元，收入增幅由 10% 下降到 -10.2%，特别是2017 年出现了 27 年以来首次负增长，可安排财力规模逐年下降。二是刚性支出增加较多。打好三大攻坚战、实施京津冀协同发展、深化供给侧结构性改革、推进创新驱动发展等方面都需要重点支持，“衣食住行、业教保医”等民生领域还有不少短板需要加大投入，财政支出存在较大缺口，每年都需动用预算稳定调节基金予以弥补。财政收支的“一减一增”造成短期内预算平衡压力十分突出。由于过去财政收入长期保持高速增长，预算分配基本采用“基数 + 增长”的方式，通过历史沿革形成了部门固定的预算盘子，导致部分财政资金用不出、花不完，使用效益偏低。面对严峻的财政形势，天津市委、市人民政府坚决贯彻落实习近平总书记关于“艰苦奋斗、勤俭节约”的重要指示精神，敢于刀刃向内动真格、积极开动脑筋想办法，把实行零基预算作为财政改革的突破口，加快建立规范透明、标准科学、约束有力的现代财政制度。从天津市预算管理改革历程来看，主要分为 3 个阶段：

1. “基数 + 增长”阶段

2016 年以前，天津市经济长期处于增长阶段，特别是 2008 年至 2016 年期间更呈现高增长态势，主要表现为两个特点：一是财政收入增幅明显高于地区生产总值增幅。全市地区生产总值由 6354 亿元增长到 17885 亿元，年均增长 13.8%。同期，全市一般公共收入由 676 亿元增长至 2723 亿元，年均增长 19%，快于地区生产总值增速 5.2 个百分点（见图 10-1）。财政收入占地区生产总值比重也由 2008 年的 10.6% 提高到 2016 年的 15.2%。

二是税收收入占比逐年下降。全市税收收入由 2008 年的 546 亿元增加至 2016 年的 1624 亿元，年均增长 14.6%；非税收入由 129 亿元增加到

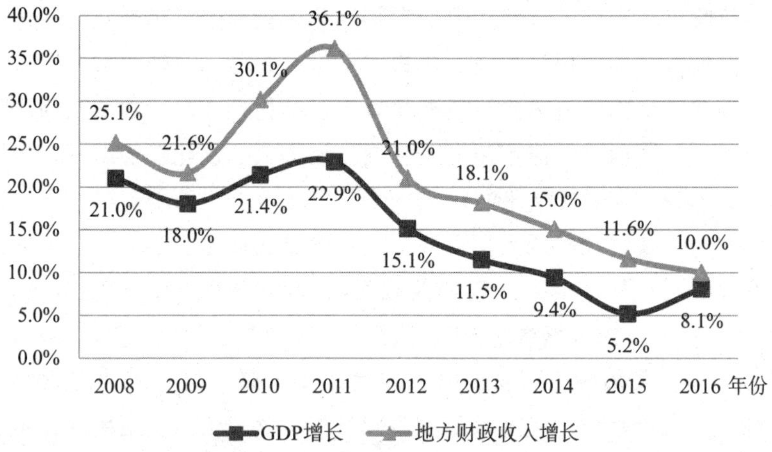

图 10－1 2008—2016 年天津市财政收入增幅与 GDP 现价增幅对比图

1099 亿元，年均增长 30.7%，非税增速高于税收增速一倍（见图 10－2）。与此同时，税收占比由 80.9% 回落至 59.6%，比重下降了 21.3 个百分点，比全国平均水平低 15 个百分点左右，收入结构有待进一步优化。

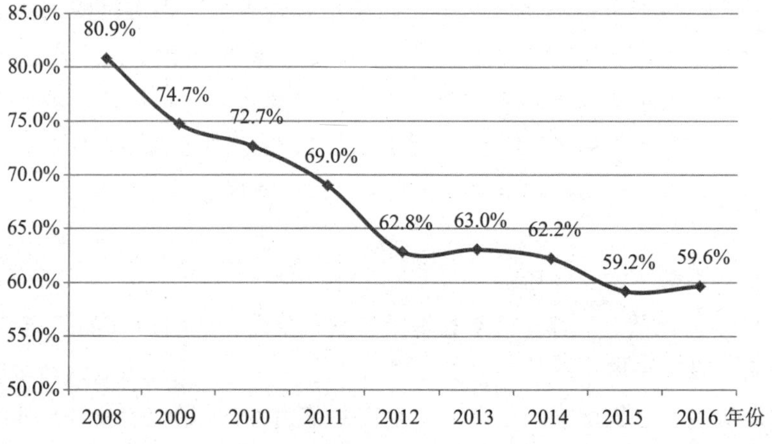

图 10－2 2008—2016 年天津市税收占比情况图

由于财政收入长期保持高速增长，形成了大量的新增财力可供分配，市级支出预算主要采用“基数＋增长”的编制模式，在既有部门预算的基础上，结合下一年度收入增长预计情况统筹分配预算资金。在基本支出方面，连续 17 年调增人员公用支出定额标准，2016 年基本支出占可统筹财政资金比例达到 39.8%，近五年年均递增 9%；财政供养人员由 2013

年的 21.7 万人增加到 2016 年的 22.96 万人，年均递增 1.4%。在项目支出方面，实行专项资金管理模式，市级共设立 111 个专项，分配到各主管部门，一些部门在申报项目时往往存在“占盘子”的惯性思维，通过大量延续性项目维持既有“盘子”和预算基数，并提出大量新的增支需求，急于上新项目、大项目，以争取获得财政资金优先分配，部门的切块盘子逐年扩大。

2. 探索零基预算阶段

2017 年以来，天津市经济发展由速度规模型开始向质量效益型转变，把战略重点转到拼质量、拼效益、拼结构、拼绿色度上来，主动用政府收入的减法，换企业效益的加法和市场活力的乘法。在坚决贯彻国家减税降费政策的同时，实打实、硬碰硬，自加压力、主动作为，全面清理取消地方收费项目，实行地方涉企行政事业性“零收费”，并对收费基金实行“三个一律免征”，2017 年和 2018 年全市一般公共收入同比下降 10.4%、8.8%。相应，市级可动用的财力规模也大幅下降。随着财政收支缺口不断扩大，原有的“基数 + 增长”的预算资金分配模式逐步无法维持。

为盘活财政存量资源，提高资金使用效益，弥补财政减收带来的支出缺口，2017 年 4 月天津市出台了《天津市市级预算单位财政拨款结余结转资金管理办法》（津政办发〔2017〕55 号），实施更加严格的结余结转资金清收规定，将基本支出结转的 50% 收回财政统筹，其余 50% 部分结转下年由单位继续使用；将项目支出结转超过 1 年且执行率不足 30% 的资金全部收回预算统筹平衡。2018 年 7 月，天津市又出台了《天津市人民政府办公厅关于加强市级财政管理硬化预算约束的意见》（津政办发〔2018〕20 号），进一步严格预算追加审批程序，严禁无预算、无用款计划、超预算和超计划拨付资金，着力解决部门在年度预算执行中频繁追加调整等问题。2018 年 12 月，市委书记李鸿忠同志在市委十一届五次全会暨经济工作会议上指出，“现在我市的财政比较困难，要办的事又多，搞部门切块、‘天女散花’，办不成大事。财政要实行零基预算，预算总收入在全市大盘子下统筹使用，分配给部门的，不要认为就是你的了，不用、用不好，就要随时收回，集中使用。要把有限的资金用在刀刃上，最大限度地发挥财政的规模效应、整体效益。”

3. 全面实施零基预算阶段

按照天津市委、市人民政府部署要求，2019 年初，市财政局率先在市级部门启动零基预算改革。在编制市级支出预算时，要求各部门打破“预算基数”的传统概念，配合市财政建立“预算一年一定”、“项目能进能出”的资金分配机制。充分考虑财力可能，将项目按照轻重缓急排序，优先保障最急迫、最重要的项目，其他支出当缓则缓、当减则减。在社保医疗等民生领域，科学评估补助标准，不一味追求高福利；在城建交通领域，注重公共设施养护，不搞铺摊子；在教育科研领域，强化提升教育质量和科研成果转化投入，填补市场短板；在行政政法领域，坚持过紧日子，大力压减一般性消耗性支出，把有限的资金用在刀刃上。

为进一步健全长效管理机制，2019 年上半年，市财政部门先后赴广东、上海、重庆等省市就专项资金、项目库、政府投资等方面开展专题调研，学习借鉴兄弟省市经验做法，起草天津市零基预算改革的政策文件。结合天津市实际情况，重点围绕规范基本支出、专项资金整合、政府投资联动、项目库管理、健全预算绩效、盘活资源资产、压实主责主业等 7 个方面，天津市研究制定了 20 项改革措施，对强化财政供养人员源头管控、实行专项资金分级管理、统筹平衡政府投资年度计划与预算、严格财政项目库管理等工作提出具体的改革路径。为确保零基预算改革能够真正落地见效，市财政部门又邀请了 34 个市级单位召开座谈会，广泛听取意见建议。经过半年多的反复研究和细化完善，零基预算的理念逐步得到了共识。2019 年 12 月，天津市正式印发了《天津市人民政府办公厅印发关于严格实施零基预算管理工作方案的通知》（津政办发〔2019〕45 号），在全市范围内全面推行零基预算改革。

（二）主要做法

天津市零基预算改革可以概括为“4G”模式，即：围绕一个理念（goal），打破部门预算固化格局；明确两条指引（guide），优化项目资金顺序；实行三项管控（govern），强化预算全流程控制；建立四类挂钩（grip），形成预算资金闭环管理。

1. 围绕一个理念（goal），打破部门预算固化格局

编实编细预算是科学分配财政资金、实施预算绩效管理的前提和基础。天津市引导各部门牢固树立“真过紧日子”的理念，坚持精打细算，从全局出发谋划年度目标任务，不再考虑以前年度预算基数和历史沿革，打破部门界限、项目使用限制，根据实际需求编制预算，力求资金精准服

务项目。

（1）推行以零为基点编制预算。首先，市财政部门根据经济形势、财税政策和收入预计等情况测算下一年度可统筹财力，优先保障人员工资、机构运转、基本民生、政府偿债后，确定其他专项资金支出总额，各主管部门预算安排不得突破总体限额。其次，市财政部门根据各主管部门支出事项资金需求、上一年度预算执行情况、绩效评价结果、新增项目事前绩效评估报告等，提出专项资金分配建议，报市人民政府审定。最后，各部门根据专项资金规模，充分评估本部门现有人员力量、项目实际需要、项目实施条件等，以零为基点，分轻重缓急编报具体项目支出预算，打破“基数＋增长”的累计进加做法。对直接面向基层、量大面广、由各区实施更为便捷有效的项目，实行“大专项＋任务清单”管理模式，由各主管部门编制分区转移支付预算，各区编报具体项目。

（2）严格项目预算申报审核。市财政部门统一建立财政项目库，除维持政府运转的基本支出外，财政预算安排的项目支出一律纳入项目库管理，未入库项目不得进入预算编制、预算追加和预算调整的范围。入库项目必须有充分的立项依据、明确的实施周期和资金拨付计划、合理的预算需求、绩效目标和社会资本引入等，项目完成前期审核论证、履行部门“三重一大”程序等，确保具备可执行性，预算批复后即可实施。对于已确定支出标准但预算难以满足的项目，由主管部门相应调整支出标准、任务目标和工作量，如涉及政府及部门政策规定的，按程序提交修订。

（3）实行专项资金分级管理。改变专项资金“碎片化”管理现状，将性质相同、用途相近、管理分散的市级专项资金重新优化整合，划分为“战略领域”（一级）、“财政事权”（二级）、“政策任务”（三级）三个级次，并形成相应目录。其中，“战略领域”目录体现党中央、国务院重大决策部署、重大发展战略和市委、市人民政府部署要求，由市财政部门统一确定；“财政事权”目录体现各部门职能边界和事权责任，由市财政部门会同各部门共同确定，原则上每个领域的“财政事权”目录归口一个部门管理；“政策任务”目录由各主管部门结合年度工作计划和重点任务设置，统筹安排具体项目。例如，2019 年天津市对以前年度连续安排的工业技改、科技型中小企业、高新技术产业化等专项重新整合，集中财力设立智能制造专项资金 100 亿元，有力地推动了人工智能、大数据、集成电路等智能产业集聚发展。

2. 明确两条指引（guide），优化项目资金顺序

科学分配财政资金、提高资金使用效益是预算工作的重中之重。天津市坚持按照“资金跟着项目走”的原则，在项目预算安排上创新实行“项目排序”、“资金排序”双指引，避免资金“沉睡趴窝”，最大限度提升财政资源的配置效率。

（1）建立预算安排的正负面清单，区分项目轻重缓急。在编制 2019 年市级支出预算时，将人员工资、机构运转、基本民生、重点项目、政府偿债等 5 类支出作为优先保障事项；对非重点的一般性基建支出、购置新建办公用房、不具备实施条件的建设项目、超财政承受能力、分散建设的信息化项目等 5 类支出列入负面清单，不予安排预算。2020 年 6 月，天津市出台了严把支出关口真过紧日子 16 条措施，在上年正负面清单基础上进一步细化，实行“禁止类”与“限制类”支出事项管控清单，对当年增人增资、用房设备、场馆建设、节会展演、规划编制等 5 类支出列入“禁止类”清单，一律核减预算统筹平衡；对行政成本、提标扩围、涉企补贴等 3 类支出列入“限制类”清单，从严审核压减规模，最大限度减少财政收支缺口。

（2）推行预算“现金流”管理，实现项目与资金同步。市财政部门在安排项目预算时，突出财政资金的“现金流”管理理念，根据项目执行条件和付款时间科学预测分期现金流，对于项目当年难以形成实际支出的、资金后补助的、不能细化至具体用途和使用单位的，当年不予安排或递延转年安排。通过严把项目预算的实施条件，市级预算执行进度得到大幅提升，在财政部通报 2019 年全年地方预算执行支出进度考核中，天津市一般公共预算支出进度位居全国第 1 位。

3. 实行三项管控（govern），强化预算全流程控制

优化预算执行、强化过程控制是杜绝任性花钱、提升预算绩效的必然要求。天津市围绕预算编制、预算执行、预算平衡各环节，实行“项目预算总额”、“硬化执行约束”、“统筹调度平衡” 3 项管控措施，强化过程监督，提高统筹能力，切实维护预算严肃性。

（1）在预算编制环节，实行预算总额控制。坚持管钱与管事相结合，明确各部门在申报项目时不得突破部门总限额及专项限额，做到“总限管控规模、专限体现导向”。例如，2020 年市级一般公共支出预算 1102 亿元，在优先保障人员工资 265 亿元、机构运转 55 亿元、基本民生 584

亿元、政府偿债资金17亿元的基础上，确定部门项目支出总限额181亿元，为部门申报预算设定了“天花板”。

（2）在预算执行环节，实行预算硬化执行约束。一是从严控制预算追加范围。年度预算经市人大审议批准后，除遇国家政策变化或突发性等情况外，市财政部门不予办理预算追加。二是严格履行审批程序。对于确需追加的事项，由各部门向市人民政府提出申请，经分管财政的市领导批转至市财政部门进行审核，结合年初预算安排、部门经费结余、年度财力和预算执行进度情况，提出书面意见报市人民政府，由市长或市长委托分管财政的副市长审批。例如，2019年市级部门预算追加得到有效控制，追加金额比上年下降39%。

（3）在预算平衡环节，实行资金统筹调度。加强政府性基金与一般公共预算统筹衔接，将国资预算调入一般预算比例由20%提高至30%。同时，灵活调度债券资金、存量资金、事业基金等各类资金，实行财政库款和预算安排协调联动，充分利用财政部提前下达的政府债务限额，置换年初预算中符合条件的公益类资本性支出，优化资金资源配置，将腾挪的资金更多用于保障和改善民生支出。

4. 建立四类挂钩（grip），形成预算资金闭环管理

狠抓制度建设和执行，扎笼子、堵漏洞、强监管，天津市通过建立四类挂钩机制，强化财政业务运行，发挥各项措施功能、相互依托，建立更加有效的激励约束机制。

（1）实行预算安排与执行进度挂钩。强化预算执行的主体责任，建立全市预算执行进度定期通报机制，分别将一级预算单位的一般公共支出、八项支出、部门预算结转结余消化等3项指标，以及16个区一般公共支出、政府性基金支出、盘活存量、财政运行分析等4项指标纳入统计监测，实行考核排名通报。对执行进度偏慢、绩效情况较差的项目，各主管部门要限期整改，问题严重的要暂缓或停止拨款。

（2）实行预算安排与结余结转挂钩。天津市把盘活沉淀资金作为平衡预算的重要抓手，在国家规定结转两年以上的存量资金收回财政统筹使用的基础上，实施更为严格的清收规定，对各主管部门基本支出结转的50%，以及项目支出超过两年或预算下达当年执行率不足30%的结余部分，由市财政部门收回统筹使用；对各主管部门年初预算于当年9月底仍未细化到使用单位和具体用途的项目支出，以及当年10月底执行率不足

30%的结余部分，一律收回预算统筹安排。同时，建立各主管部门结转结余情况与转年预算挂钩机制，对跨年度项目存在结转结余的，相应核减下一年度预算安排规模。例如，天津市交通管理科技设施项目建议书批复规模 11.7 亿元，2017 年市财政拨付市交管局项目资金 4.6 亿元，截至 2018 年底资金结转 2.1 亿元，因此在 2019 年市财政不再安排相关预算。

（3）实行预算安排与盘活资产挂钩。按照摸清家底、分类处置、统筹分配的原则，分别由市财政、国资、规划和自然资源部门牵头对市级行政事业单位资产、国有企业资产、土地资源进行全面清理盘查，核实闲置资产的数量和价值，实行分类处置：对行政事业单位闲置或低效使用房屋，通过市场化方式或指定机构运营管理；对政府投资股权，适时有偿变现并及时纳入预算；对股权划归国有投资、运营公司的市属企业实现的混改产权转让收入，扣除转让费用后全额上缴国资收益；对闲置土地资源，加快地块整理和出让进度，尽快回笼前期投资。例如，2019 年市水务局深挖潜在可利用的水资源资产，积极盘活独流减河左堤路堤资源资产 3 亿元，取得的收入优先用于弥补水务设施维修养护资金缺口，实现了沉睡资源的再利用。

（4）实行预算安排与绩效审计挂钩。市财政部门依托审计整改、预算绩效职能集中的优势，建立市级预算安排与审计问题、绩效结果挂钩的激励约束机制，根据审计问题和绩效结果实行分类分档排名，构建反馈、整改、提升绩效的良性循环。按照奖优罚劣的原则，对绩效评价结果较好的项目优先保障资金需求，对绩效一般的项目要督促整改，对评价结果较差、审计问题较多的项目压减或取消预算安排。例如，2020 年，市财政部门根据以往年度历次审计发现的资金沉淀、支出效率不高等问题，对问题较大的项目，在转年预算安排时相应压减，实际压减预算超过 60 亿元，充分激发资金使用单位盘活存量资金的积极性。

经过一年多的实践检验，天津市零基预算改革工作正在蹄疾步稳、紧锣密鼓地持续推进，为对冲经济下行压力、缓解预算平衡困难、打破资源配置固化发挥了重要作用，各项工作也取得了积极成效：一是打好了行政开支“铁算盘”。政府部门带头“过紧日子”，大力压减了不必要的行政开支，从严管控“三公”经费，2020 年一般性支出同比下降了 25.1%。二是做到了项目安排“零基数”。彻底打破了传统的“基数 + 增长”模式，以零为基点，项目预算安排实行“一年一定”，根据轻重缓急据实安排支出，一般项目预算压减幅度达到50%。2019年11月，“天津市加强财政开源节流保障重点项目实施”改革举措被列入国务院第六次大督查典型经验做法。三是推动了市级专项资金“重整合”。建立专项资金分级管理模式，市级158个部门近3000项专项资金重新归并整合为14类一级和120余项二级专项资金目录，改变了专项资金“碎片化”的管理现状。四是实现了存量资金“大起底”。持续开展市级部门结余结转资金清理，清理范围实现了“加力扩围”，2019年、2020年市区两级分别收回资金90亿元、31亿元，真正把用不出、用不好的钱“颗粒归仓”。

（三）经验启示

1. 高位推动是改革的强引擎

零基预算改革是天津市贯彻落实习近平总书记重要指示精神的一项具体举措，市委、市人民政府高位推动、凝聚共识，为财政改革提供了强大组织保障。市委十一届五次全会暨经济工作会上，市委、市人民政府主要负责同志提出要“严格实行零基预算，要把有限的资金用在刀刃上”。随后，零基预算改革作为天津市全面深化改革重点改革任务，并以市人民政府名义制定出台关于严格实施零基预算管理的工作方案，从制度层面确立改革路径，为改革顺利推开奠定坚实基础。

2. 问题导向是改革的原动力

历史总在矛盾中前进，机遇和挑战同生并存，变压力为动力、化危机为机遇，靠的是主动求变的意识。面对财政收支平衡日益困难的压力，天津市财政不回避、想招法，从预算编制这个最基础、最根本的环节入手，坚定不移落实零基预算改革要求，倒逼苦练内功，从困难中捕捉和创造财政资金配置效率、效益“双提升”的机遇。当前，财政体制改革已步入深水区，重要领域、关键环节的每一项改革都是理念的重塑和格局的再造，深化改革没有捷径可走，视危为机、自我革新是破解发展难题的必由之路。

3. 系统协同是改革的助推剂

党的十九大报告把“着力增强改革系统性、整体性、协同性”作为全面深化改革取得重大突破的一项重要经验，并把这一论述写入党章。财政体制改革是辩证统一的整体，各领域改革举措要在政策目标上相互支撑、在操作方法上有序衔接，避免碎片化的调整修补。在零基预算改革推进过程中，天津市财政从压减非重点支出、整合项目资金、执行过程管控、盘活存量资金等多方面共同发力，抓重点、补短板、强弱项，打好“开源”和“节流”的政策组合拳，提升了改革的整体效能。

二、案例二：贵州

2019 年，贵州省通过零基预算改革，实现了预算安排的绩效性、精准性、时效性、公平性、规范性“五提升”，推动财政资金的配置和使用从单纯控制收支转变为实施宏观调控、实现施政目标的重要载体，为推动贵州经济高质量发展发挥了重要作用。《国务院办公厅关于对国务院第六次大督查发现的典型经验做法给予表扬的通报》中，贵州省硬化预算约束提高财政资金使用效益榜上有名。

（一）背景情况

按照党的十九大关于“建立全面规范透明、标准科学、约束有力的预算制度，全面实施预算绩效管理”要求，贵州省财政厅从 2019 年起在省级部门实施零基预算改革，坚持以零为基点，按照“资金跟着项目走”的思路，引导部门立足全局系统谋划年度目标任务、科学申报预算，并对部门年度申报支出的内容、标准、预期绩效等进行全面审核。实施零基预算改革，是对以往预算支出安排的一次检验和重组，更是财政和预算部门预算管理理念上的一场深刻革命，通过两年来的改革实践，贵州省积累起“一个关键”、“两个落实”、“三个导向”、“四个建设”、“五个挂钩”经验，逐步建立起集中财力办大事的财政保障机制、资金能统能分的动态分配机制以及符合激励约束导向的预算安排机制，有力提高了新形势下财政资源的配置效率和资金使用效益，为贵州奋力后发赶超提供有力支撑。

（二）主要做法

1. 把握“一个关键”

紧紧抓住项目这个关键，以项目谋预算、以项目看绩效、以项目促发展，打破切块分配、基数加增长、收支挂钩、硬性增长等安排方式，建立政策决策、项目清单、预算保障、项目落实“四位一体”的财政资金运行和保障机制。

2. 抓好“两个落实”

落实好重大决策部署，对标党中央、国务院和省委、省人民政府重大决策部署，对标中央和贵州省经济工作会议精神、全国财政工作会议精神，对标政府工作报告以及国民经济和社会发展规划，把各项任务目标落实到预算编制中。2020年安排高质量发展专项资金96.71亿元、“六网会战”（“六网会战”：指贵州省启动实施的路网、水网、电网、地下管网、油气网、互联网基础设施建设）有关建设资金124.54亿元、生态环保领域支出47.28亿元，支持推动经济转型升级，加快推进高质量发展。落实好真正过紧日子要求，当好铁公鸡、打好铁算盘，把真正过“紧日子”作为预算编制长期坚持的基本方针。严把预算支出关，对非重点、非刚性项目支出做到可压尽压、应压尽压；对可干可不干的项目，一律不得安排。2021年贵州省在年初已对公用经费平均压减15%、非刚性非重点支出平均压减18%的基础上，年度中按20%比例再次压缩一般性支出，两轮压减资金达到28.22亿元，全部统筹支持重点领域发展。

3. 坚持“三个导向”

坚持问题导向，以问题为出发点，针对财政资金投向不够精准、统筹不够充分、执行不够快、效益不够高等问题，将问题整改贯穿预算编制、审核、执行全过程，补短板、强弱项，持续改进预算管理方式。坚持目标导向，以目标为根本点，推动财政支出有保有压、预算规模能增能减、实施项目能上能下，全面提升财政资金使用绩效性、精准性、时效性、公平性和规范性。坚持结果导向，以结果为落脚点，充分发挥财政职能，引导部门把局部利益放到全局利益中去把握、把部门工作放到省委、省人民政府中心任务中去谋划，为贵州决胜脱贫攻坚、实现全面小康提供有力支撑。

4. 推进“四个建设”

一是推进项目库建设。研究制定《贵州省省级预算项目库管理办法（试行）》，引导部门树牢“先谋事后排钱”理念，提前研究谋划项目、常态化储备项目，建立健全项目入库审核、项目排序优选、项目库动态管理和项目库管理考核四项机制，发挥好项目库基础作用。二是推进支出标准建设。研究制定《贵州省省级预算支出标准体系建设实施方案》，对人员经费、公用经费、学生资助补助、高标准农田等标准全面梳理，形成统一的目录清单进行维护；逐步推进信息化建设运维、大型修缮等特定领域标准建设，发挥好支出标准规范作用。三是推进部门职责管理建设。完善“职能职责—事项活动—预算保障”管理链条，在会同部门按照三定方案梳理职能职责的基础上，坚持以职定事、以事定费导向，合理区分各级政府事权和支出责任，准确确定项目实施主体，做到职责和经费匹配，发挥好职责引导作用。四是推进一体化系统建设。进一步完善项目库、支出标准、部门职责等管理模块，优化项目编制流程，推动预算编制、预算评审、资产管理、政府采购等业务环节贯通衔接，发挥好信息平台支撑作用。

5. 做到“五个挂钩”

即预算审核同项目要素挂钩，特别是加强项目可行性、依据充分性、程序完备性、资金测算合理性等要素审核，对要素不全的项目退回补充完善，整改仍不能达到要求的取消预算安排；同预算执行进度挂钩，对上一年度执行进度慢、存量资金过大的，减少预算安排；同审计指出问题及整改情况挂钩，对管理不规范、屡改屡犯、整改不到位的资金减少预算安排；同绩效评价结果挂钩，对绩效评价结果不理想的取消或减少预算安排；同项目评审情况挂钩，根据项目审定情况、项目审减率情况安排预算。按照“五个挂钩”的原则，2020 年削减部门申报的不符合零基预算导向资金 600 余亿元，削减率达到 40%；纳入评审项目 10.5 亿元，审减 4.6 亿元，审减 43.8%。与此同时，预算执行效率得到显著提升，2019 年 1—6 月执行率达到 67.83%，比上年同期增长 3%；1—9 月执行率达到 83%，增长 4%。2020 年即使受到新冠肺炎疫情影响，1—6 月执行率仍然达到 65.18%。

（三）经验启示

1. 强化预算顶层设计

贵州省坚持把“政治性与经济性、守底线与促发展、着眼长远与立足当前、及时性与急需性”相统一作为预算编制原则，聚焦经济社会发展重点领域和薄弱环节，量入为出、量力而行，通过科学编制预算，保障重点支出，压减一般支出，切实提高财政资金配置效率和统筹保障能力。

2. 强化预算工作标准

贵州省根据项目支出用途和范围，将项目支出分为工作运转类、民生保障类、党的建设类、改革发展类、结转项目类等专项。明确各部门要围绕经济、政治、文化、社会、生态和党的建设，列出具体项目清单向财政部门申报。同时，要求所有预算申报项目必须有充分的立项依据、具体的支出内容、详细的资金计划、合理的绩效目标、成熟的实施方案，对没有项目支撑或者项目前期工作不成熟、实施条件不具备的，一律不纳入预算。

3. 强化预算过程管理

贵州省突出绩效管理，将绩效目标作为预算申请和安排的前提条件，推动预算和绩效目标同步编制、同步审核、同步批复，建立起项目能进能出、预算有保有压、资金有增有减的动态调整机制，对没有编制绩效目标或绩效目标设置不合理、绩效目标效果不好的项目坚决予以取消或调整优化。

4. 强化预算执行考核调度

明确省级专项资金预算执行进度6月底完成50%、9月底完成90%。从每年第二季度起，按月考核通报各部门预算执行情况，对预算执行进度达不到要求的项目和资金按比例收回用于急需的重点支出。对项目实施进度慢、预算执行不好的，在次年预算中减少或不再安排。

5. 注重盘活存量

注重盘活存量也是贵州省强化预算过程管理的一大亮点。全省对2018年及以前结转超过一年的省级财政资金，原则上由省级财政收回按程序统筹使用。从2019年起，除有特殊规定外，对当年未使用完毕的一般公共预算资金不再结转。收回结余资金项目确需继续实施的，按程序报批后在以后年度安排。

三、案例三：厦门

近年来，面对严峻的财政收支矛盾，厦门市认真贯彻中央和省委、省人民政府有关工作部署，以零基预算改革为突破口，将优化财政支出结构与优化政府职能、推进治理体系和治理能力现代化有机结合，加快构建有利于财政统筹平衡和可持续发展的机制。两年来，厦门市零基预算改革取得了一定成效，在第七次国务院大督查中作为厦门市改革创新案例上报国务院办公厅。

（一）为什么要实施零基预算改革?

厦门市实施零基预算改革既是落实中央改革任务的要求，更有深刻的现实意义，与当前厦门市所处的发展阶段以及治理体系和治理能力现代化要求关系密切。

1. 实施零基预算改革是应对财政收支矛盾的必要之举

近年来，受发展环境变化、减税降费影响，厦门市一般公共预算收入和地方本级收入增速从 2017 年的 9.6% 和 11%，降至 2020 年的 1.7% 和 2%，预计未来一段时间将继续维持中低速增长。与此同时，促进城市高质量发展过程中，产业投入、片区开发、重大基建等诸多增支因素叠加，财力增量有限与支出需求快速增加之间的不平衡问题十分突出。以 2021 年预算为例，一般公共预算和政府性基金预算可安排支出与资金需求之间的缺口分别达到了 150 亿元和 1500 亿元。在此背景下，亟须通过零基预算改革，加强财政资源统筹，集中财力办大事，增强预算对落实市委、市人民政府重大决策部署的保障能力。

2. 实施零基预算改革是提升财政资源配置效率的有效措施

在财政收支矛盾的情况下，如何把钱花好、花出效益十分重要。但传统预算先排资金再编项目的管理模式导致财政资源配置与实际需求匹配不够紧密，新的支出政策、项目不断增加，旧的支出政策、项目没有清理，造成支出结构固化、支出进度偏慢、支出效益不高等问题。需要通过零基预算改革，科学核定预算，分轻重缓急安排各项支出，全面核减非重点非刚性支出，增强预算的战略性、前瞻性、精准性。

3. 实施零基预算改革是推进治理体系和治理能力现代化的重要抓手

财政是国家治理的基础和重要支柱。预算是财政管理的“龙头”，体现了党和政府的战略和政策，显示出政府的活动范围和方向，反映了政府与市场、政府与社会、上下级政府、同级政府部门间的关系，是推进国家治理体系和治理能力现代化的重要支撑。零基预算改革的核心内涵是“打破支出基数”，表面上是调整资金用途，实质是优化“权、责、利”的关系，这与治理体系和治理能力现代化的内在逻辑一致。

（二）零基预算改革有哪些创新?

厦门市在充分学习借鉴国内外零基预算改革经验，以及华为、厦航、翔业、平安等企业预算管理有关做法的基础上，进一步细化梳理了厦门市零基预算改革的目标任务、时表和具体措施。厦门市零基预算改革更加突出“治理体系和治理能力现代化”这一主题主线，即以零基预算改革为抓手，厘清政府与市场、上下级政府、不同部门间的“权、责、利”关系：明确政府干什么，厘清政府与市场边界，加快政府职能转变；明确谁来干，合理划分市区、各部门之间的事权和支出责任，避免政策重复、打架，调动各方积极性；明确什么事优先干，提升财政资源配置效率。具体来看：

1. 在改革目标上：确定了三个逻辑递进、相互衔接的任务目标

一是构建权责清晰、分担合理的政府保障边界。将零基预算改革与厘清政府保障边界相结合，进一步明晰政府与市场、政府与社会、市与区政府间的保障边界，合理均衡各方负担。二是构建协同发力、高效有序的支出政策体系。将零基预算改革与提升资源配置效率相结合，强化跨部门、部门内部的支出政策统筹整合，增强支出政策的系统性、协同性和可持续性。三是构建能增能减、讲求绩效的资金安排机制。将零基预算改革与改进部门预算管理相结合，整合项目、编实预算、优化排序、花钱问效，将集中财力办大事。

2. 在预算源头上：编制三类政府保障事项清单，厘清政府、市场边界

政府保障“保什么”、“保多少”、“怎么保”决定了财政资金流向，如果不对政府保障边界优化，预算安排也很难做重大调整，优化支出结构、资金安排能上能下也就无从谈起。因此，厦门市把厘清政府保障边界作为零基预算改革的关键。一是编制公共服务、产业扶持、重大基建三类清单，采用正列举的形式明确政府保障的范围，作为预算安排的依据，发挥政府保障清单在预算管理中的基础性作用。同时，考虑相关工作的复杂性，采取分步走的方式推进改革。结合 2021 年预算编制，2020 年先试点编制产业扶持事项清单、重大基建需求清单和教育、卫生健康、民政、公安、交通领域的公共服务内容清单；2021 年基本完成清单编制工作。二是根据政府承担责任分类确定保障程度和方式，对政府为主保障的事项，尽力而为、量力而行优先保障。对政府补充保障的事项，视财力保障，并鼓励社会力量参与，完善成本分担机制。对预算安排与清单规定暂时无法实现一致的事项，由主管部门协商财政部门设定一定的过渡期，逐步调整

到位。三是建立政府保障事项清单动态调整机制。政府保障事项清单一般与部门预算同步编制、同步调整，经市级财政部门汇总随政府预算草案提交市委、市人民政府决策后，由市人民政府印发实施。预算执行中，原则上不调整政府保障事项清单；必须调整的，经主管部门提出建议、市级财政部门审核后，由市级财政部门牵头报市委、市人民政府决策。

3. 在项目立项上：加强重大投资项目和支出政策全生命周期管理，关口前移促进财政可持续发展

一是加强重大投资项目全生命周期成本管理。改变传统投资审查主要关注项目建设总投入的做法，把建设运营投入和现金流管理结合起来考虑。在片区开发、轨道交通等重大项目启动前就细化项目平衡方案，落实资金来源、平衡途径和收益任务，合理规划建设内容和实施时序，确保"总体投入产出平衡"和"当期现金流平衡"。二是加强支出政策全生命周期管理。加快构建涵盖事前评估、跟踪调整、事后评价和到期清理的支出政策全生命周期管理体系，清理一批引导作用不强、产出效益不高的政策，加力破解支出固化问题。例如，在 2020 年调整了研发补助、技改奖补等一批政策，清理了两化融合奖励、绿色金融扶持等一批政策，相应压缩支出超过 10 亿元。

4. 在资金分配上：提高项目细化程度，建立跨部门资金统筹机制，打破部门支出基数

一是坚持先有项目后有预算。除基本支出、应急类项目等确实难以确定用途的支出，其他支出原则上都要有目标、有规划、有方案，确保可执行、可考核、可约束。严控、压缩先确定支出总额再细化具体项目的支出。二是根据不同类型支出特点分类编制预算：①保工资、保运转支出。实行以定员定额为主的预算编制方式。②产业扶持支出和基本公共服务支出，根据明确的保障范围、保障内容、保障方式、保障标准，实行定量定标为主的预算编制方式。③金额较大的基建项目支出和其他项目支出，主管部门应先提出项目实施方案，说明项目的立项依据、项目概算、工作节点、支出计划、实施期限、绩效目标等要素，从零开始筹划资金安排，并根据当年实际用款需求编制年度预算。三是推行同类型项目跨部门预算排序。对大型设备购置等不同部门性质相近的项目，通过评估、评审等方式排序，优先安排意义重大、论证充分、条件成熟的项目。四是推广"大专项"资金管理。将跨部门投向接近、目标相同的资金整合为"大专

项”。预算编制时，优先保障使用绩效优的项目。预算执行中，及时调减目标完成差、支出进度慢的项目，破除部门“占盘子”思想。在2021年预算编制中，主要在人才政策、信息化建设、农业农村、交通设施改善等领域试点推行了这一做法，2022年进一步扩大覆盖范围。

5. 在花钱问效上：清理低效支出，集中财力保障重点

2020年，取消规模小散、交叉重复、内容相近的项目260个。市级累计清理各类资金超90亿元，用于保障重点支出，约占一般公共预算市本级支出的20%。2021年预算编制中，进一步健全支出项目排序机制，在优先保基本民生、保工资、保运转基础上，按照市本级财力下降幅度，全面压减非重点非刚性支出：公用经费和行政运行经费压减20%，改善型民生支出压减8%，其他非刚性非重点支出压减16%，无依据、未细化项目一律不安排，核减支出需求超过150亿元。

（三）下一步深化零基预算改革的重点工作

零基预算改革是一场系统性变革，涉及制度设计、人员理念、技术支撑等诸多方面，需要循序渐进深化实施。结合贯彻落实《国务院关于进一步深化预算管理制度改革的意见》，下一步，厦门市将重点推进以下三个方面改革：一是在厘清保障边界方面，扩大保障事项清单覆盖范围，量力而行确定政府保障的对象和内容。同时，健全成本分担机制，按照“谁收益、谁付费”的原则推进医疗、污水、公交等重点领域价格机制和财政投入机制改革，提升公共服务供给效率。二是在规范保障程度方面，加快推进重点领域支出标准化管理，在出台预算编制标准的同时，配套完善服务内容标准、质量标准和资产配置标准等。合理安排基本公共服务提标扩围节奏，及时调整清理不可持续事项，防止脱离实际的过高承诺。三是在健全配套机制方面，一方面，重点推进建立重大项目、项目的财政可承受能力评估机制，并加强重大片区开发平衡管理和重大建设成本控制；另一方面，结合“智慧财政”预算一体化系统建设，将零基预算改革要求嵌入系统流程，增强制度约束力。同时，推进财政数据智能化运用，增强数据分析与应用功能，为规范管理、防控风险和科学决策提供有力支撑。

参考文献

中文参考文献

[1] 财政部预算司．零基预算［M］．北京：经济科学出版社，1997.

[2] 王传纶，高培勇．当代西方财政经济理论［M］．北京：商务印书馆，1990.

[3] 项怀诚．领导干部财政知识读本［M］．北京：经济科学出版社，1999.

[4] 项怀诚．中国财政报告［M］．北京：中国财政经济出版社，1999.

[5] 丛树海．中国预算体制重构——理论分析与制度设计［M］．上海：上海财经大学出版社，2000.

[6] 麦履康等．中国政府预算［M］．北京：中国财政经济出版社，1999.

[7] 杨之刚．公共财政学——理论与实践［M］．上海：上海人民出版社，1999.

[8] 杨瑞龙．我国制度变迁方式转换的三阶段论［J］．经济研究，1998（01）：3－10.

[9] 杨瑞龙，杨其静．阶梯式的渐进制度变迁模式［J］．经济研究，2000（01）：24－31.

[10] 崔惠玉，周伟．中期视野下预算绩效管理改革的思考［J］．财政研究，2020（01）：87－95.

[11] 苟燕楠，王海．公共预算的传统与变迁：美国预算改革对中国的启示［J］．财政研究，2009（06）：78－81.

[12] 胡正衡．零基预算方法［M］．北京：中国财政经济出版社，2006.

[13] 李里．珠海零基预算改革的实践探索［J］．财会研究，2016（02）：14－15.

[14] 马蔡琛，苗珊．全球公共预算改革的最新演化趋势：基于21世纪以来的考察［J］．财政研究，2018（01）：92－100.

[15] 马蔡琛，赵笛，苗珊．共和国预算70年的探索与演进［J］．财政研究，2019（07）：3－12.

[16] 马骏，叶娟丽．零基预算：理论和实践［J］．中国人民大学学报，2004（02）：122－129.

[17] 马骏．中国的零基预算改革：来自某财力紧张省份的调查［J］．中山大学学报（社会科学版），2005（01）：58－67＋124－125.

[18] 刘昆．积极的财政政策要大力提质增效［J］．求是，2020（04）：35－42.

[19] 刘昆．贯彻落实习近平总书记重要讲话精神扎实做好“六稳”工作全面落实“六保”任务［J］．中国财政，2020（14）：3－6.

[20] 牛美丽．中国地方政府的零基预算改革［M］．北京：中央编译出版社，2010：151.

[21] 童伟．基于编制本位和流程再造的预算绩效激励机制构建［J］．财政研究，2019（06）：46－56.

[22] 王辰，李彤．中美零基预算的比较及启示［J］．经济纵横，2011（08）：97－99.

[23] 王海涛．推动预算管理制度创新实施预算绩效管理［J］．财政研究，2014（09）：2－4.

[24] 杨广勇，杨林．零基预算改革效果评价与未来推进——以珠海市A区为例［J］．中央财经大学学报，2019（01）：3－14.

[25] 郑德琳．从零基预算到新零基预算的演进——美国佐治亚州经验与启示［J］．地方财政研究，2016（01）：108－112.

[26] 刘扬．健全和完善财政预算管理制度的设想［J］．经济研究参考，2014（60）：13.

[27] 李青春．我国高校预算管理体制创新研究［J］．会计之友，2014（9）：115－117.

[28] 李晓燕，宋良荣．试论零基预算与绩效考核相融合的方法体系［J］．财会通讯，2012（14）：108－109.

[29] 杨光．层次分析法在高校零基预算决策中的应用［J］．财会月刊，2012（18）：65－67.

[30] 李虹．我国实施零基预算改革研究［J］．企业经济，2014（05）：164－167.

[31] 王则斌．美国预算支出编制方法的演进及启示［J］．财政研究，2012（11）：69－71.

[32] 王辰，李彤．中美零基预算的比较及启示［J］．经济纵横，2011（08）：97－99.

[33] 周润书．广东省镇区财政预算管理研究［J］．财政研究，2010（03）：43－45.

[34] 荆新．政府会计体系的演进、解构与整合［J］．会计之友，2018（03）：2－5.

[35] 高志立．从“预算绩效”到“绩效预算”——河北省绩效预算改革的实践与思考［J］．财政研究，2015（08）：57－64.

[36] 江月．预算僵化：理论、检验及修复机制［J］．地方财政，2020（08）：51－59.

[37] 金田，陈晓宇．高校零基预算改革政策效果评估——基于A大学的CITS模型研究［J］．会计之友，2022（03）：121－127.

[38] 李艳芝，侯志虹．山东印发《关于进一步深化预算管理制度改革的实施意见》［J］．中国财政，2022（01）：68－69. DOI：10.14115/j.cnki.zgcz.2022.01.026.

[39]．《安徽省人民政府关于印发安徽省全面实施零基预算改革方案的通知》政策解读［J］．安徽省人民政府公报，2022（13）：33－35.

[40] 杜涛．2022年预算编制：预算管理一体化、紧日子、零基预算［N］．经济观察报，2021－12－13（005）.

[41] 林颖．推进新一轮零基预算改革研究［J］．天津经济，2021（11）：45－49.

[42] 李成威，杜崇珊．零基预算：从方法到理念演进的要件分析［J］．中央财经大学学报，2020（10）：3－9.

[43] 刘翠微．疫情背景下南非过紧日子的经验及借鉴［J］．财政监督，2021（05）：17－25.

[44] 张智军．甘肃：积极推进零基预算改革［N］．中国财经报，

2020－12－28（007）.

外文参考文献

[1] Clynch, E. J.. Positive Practitioner Attitudes toward Zero－Base Budgeting: A Strategy for Achievement. State & Local Government Review, 1982, 14 (2): 80－85.

[2] Draper, F. D., & Pitsvada, B. T.. Congress and Executive Branch Budget Reform: The House Appropriations Committee and Zero－Base Budgeting [J]. *International Journal of Public Administration*, 1980, 2 (3): 331－374.

[3] Hayes, R. B., & Cron, W. R.. Changes in Task Uncertainty Induced by Zero－Base Budgeting: Using the Thompson and Hirst Models to Predict Dysfunctional Behaviour [J]. 1988, 24 (2): 145－161.

[4] Kavanagh, Shayne S. C.. Zero－Base Budgeting: Modern Experiences and Current Perspectives [J]. *Government Finance Review*, 2012, 1 (2): 8－14.

[5] Bourdeaux , The Problems with Programs: Multiple Perspectives on Program Structures in Program－Based Performance－Oriented Budgets. Public Budgeting & Finance, 2008, 28 (Summer): 20－47.

[6] Edward J. Clynch, Thomas P. Lauth. Budgeting in the States: Institutions, Processes, and Politics. Greenwood Publishing Group, 2006.

[7] Goertz, R. K. Target－based Budgeting and Adaptations to Fiscal Uncertainty. Public Productivity and Management Review, 1993, 16 (4), 425－429.

[8] Hammond, T. H., and Knott, J. H. A Zero－Based Look at Zero－Base Budgeting: Why Its Failures in State Government Are Being Duplicated in Washington. New Brunswick, NJ: Transaction Books, 1980.

[9] Hill, C. E., Sharp, T., Zero－base Budgeting: A Practical Application. Governmental Finance, 1983, 12 (1): 13－18.

[10] Mikesell, J. Fiscal Administration: Analysis and Applications for the Public Sector (5th Ed.). Fort Worth, TX: Harcourt Brace College Publishers, 1999.

[11] Mueller, Keith J. Zero－Base Budgeting in Local Government. Uni-

versity Press of America, 1981.

[12] Thomas P. Lauth. Zero - Base Budgeting in Georgia State Government: Myth and Reality. Public Administration Review. 38 (September/October), 1978: 420 - 430.

[13] Thomas P. Lauth. Zero - Base Budgeting Redux in Georgia: Efficiency or Ideology? Public Budgeting & Finance, 2014, Vol. 34 Issue 1.

[14] Willoughby, Katherine G. Budget Management Capacity of State Governments: Issues and Challenges. Public Performance & Management Review, 2008, Mar2008, Vol. 31 Issue 3.

[15] Ahmed, A. - A. (2007). Zero - Base Budgeting: Employee Perception and Attitudes in Brunei Public Sector Organizations. Journal of Economics and Administration, 21 (1), 3 - 14. https://www.kau.edu.sa/Files/320/ Researches/51593_21728.pdf.

[16] Austin, L. A., & Cheek, L. M. (1979). Zero - Base Budgeting: A Decision Package Manual. New York: AMACOM.

[17] Boyd, W. L. (1982). Zero - Base Budgeting: The Texas Experience. The Journal of Higher Education, 53 (4), 429 - 438. https://doi.org/10.2307/1981608.

[18] Cheek, L. M. (1977). Zero - Base Budgeting Comes of Age. New York: AMACOM.

[19] Chen, C. - C. (1980). Zero - Base Budgeting in Library Management. Arizona: The Oryx Press.

[20] Dillon, R. D. (1979). Zero - Base Budgeting for Health Care Institutions. London: Aspen Systems Corporation.

[21] Draper, F., & Pitsvada, B. (1980). Zero - Base Budgeting for Public Programs. Washington, D. C.: University Press of America.

[22] Hentschke, G. (1978). Evaluating Zero - Base Budgeting in the Light of Earlier Budget Reform. Journal of Education Finance, 4 (2), 234 - 247. https://www.jstor.org/stable/40703188.

[23] Ibrahim, M., Ashigar, A., Bello, M. B., & Mumuda, A. U. (2017). Zero - Based Budgeting is a Panacea to Fiscal Distress: Do the Perceived Benefits Significantly Influence its Adoption in Borno State? Saudi Jour-

nal of Business and Management Studies, 2 (10), 943 - 950. https: //doi. org/10. 21276/ sjbms. 2017. 2. 10. 11.

[24] Knight, H. C. (1979). The Zero - Base Budgeting Process: A Practical Guide to Evaluation, Implementation, and Use. Ontario: The Society of Management Accountants of Canada.

[25] Minmier, G. S., & Hermanson, R. H. (1976). A Look at Zero - Base Budgeting - The Georgia Experience. Atlanta Economic Review, 26 (4), 5 - 12.

[26] Moore, P. (1980). Zero - Base Budgeting in American Cities. Public Administration Review, 40 (3), 253 - 258. https: //doi. org/10. 2307/975379.

[27] Mueller, K. J. (1981). Zero - Base Budgeting in Local Government. Washington: University Press of America.

[28] Pyhrr, P. A. (1970). Zero - Base Budgeting. Harvard Business Review, 48 (1), 111 - 120.

[29] Pyhrr, P. A. (1977). The Zero - Base Approach to Governmental Budgeting. Public Administration Review, 37 (1), 1 - 8. https: //doi. org/10. 2307/974503.

[30] Reed, S. A. (1985). The Impact of Budgetary Roles Upon Perspectives. Public Budgeting and Finance, 5 (1), 83 - 96. https: //doi. org/10. 1111/1540 - 5850. 00674.

[31] Sarant, P. (1978). Zero - Base Budgeting in the Public Sector. Addison - Wesley Publishing Company.

[32] Schulze, W. C. (1988). Zero - Based Budgeting as a Planning and Budgeting Tool for Information Systems. Journal of Information Management, 9 (1), 1 - 6. http: //aus. idm. oclc. org/login? url = https: //search. proquest. com/docview/203352961? accoun tid = 16946.

[33] Shelby, R. (2013). Zero - Base Budgeting for the 21st Century-Public Administrators (FRC Report No. 260). Fiscal Research Center, Georgia State University. https: //cslf. gsu. edu/files/2014/06/zero - base_budgeting_for_the_21st_century_pub - lic_administrator. pdf.

[34] Sherlekar, V. S., & Dean, B. V. (1980). An Evaluation of the

Initial Year of Zero – Base Budget – ing in the Federal Government. Management Science, 26 (8), 750 – 772. https://doi.org/10.1287/mnsc.26.8.750.

[35] Stonich, P. J. (1977). Zero – Base Planning and Budgeting. Illinois: Irwin Publisher.

[36] Tyer, C. B. (1977). Zero – Base Budgeting: A Critical Analysis. Southern Review of Public Admin – istration, 1 (1), 88 – 107. Retrieved from https: /www.jstor.org/sta – ble/43865891.

[37] Versel, M. J. (1978). Zero – Base Budgeting: Setting Priorities through the Ranking Process. Public Administration Review, 38 (6), 524 – 527. https://doi.org/10.2307/976032.

[38] Wetherbe, J. C., & Montanari, J. R. (1981). Zero – Base Budgeting in the Planning Process. Strategic Management Journal, 2 (1), 1 – 14. https://doi.org/10.1002/ smj.4250020102.

[39] Perspective on Considering a Zero – Base Budgeting (ZBB) Planning Approach, Deloitte Analysis.

[40] Baseline Budgeting vs. Zero – Base Budgeting: Americans for Prosperity, 2012. http://americansforprosperityfoundation.com/wp – content/uploads/2014/06/BaselineBudgeting_NtK.pdf.

[41] Callaghan, Shaun; Hawke, K; Mignerey, C. Five myths (and realities) about Zero – Base Budgeting, October 2014. http://www.mckinsey.com/insights/corporate_finance/Five_myths_and_realities_about_zero_based_budgeting? cid = other – eml – alt – mip – mck – oth – 1410.

[42] Save to Grow – Deloitte's Third Biennial Cost Survey: Cost Improvement Practices and Trends in the Fortune 1000. Deloitte POV/Article. March 2013.

[43] Kavanagh, Shayne. Zero – Base Budgeting – Modern Experiences and Current Perspectives, 2011. http://www.gfoa.org/sites/default/files/GFOAZero Base Budgeting.pdf.

[44] Porter, Harben; Ntshaykolo, C; Muehlbauer, T; Virdi, G; Fortini, F; Manley, A. Zero – Base Budget: Georgia State Department of Agriculture. February 2013. http://harbenporter.myefolio.com/Uploads/Zero% 20

Based% 20Budgeting% 20. pdf.

[45] Royce, Philip. Using Performance Measures in the Federal Budget Process. Congress of the United States Congressional Budget Office. A CBO Study. July 1993.

[46] Porter, Harben; Ntshaykolo, C; Muehlbauer, T; Virdi, G; Fortini, F; Manley, A. Zero – Based Budget: Georgia State Department of Agriculture. February 2013. http: //harbenporter. myefolio. com/Uploads/Zero% 20 Based% 20Budgeting% 20. pdf.

[47] Planning in a Changing World: Rethinking Planning, budgeting and forecasting, Deloitte POV/Article, April 2012.

[48] Save to Grow – Deloitte's Third Biennial Cost Survey: Cost Improvement Practices and Trends in the Fortune 1000. Deloitte POV/Article. March 2013.

[49] Planning in a Changing World: Rethinking Planning, budgeting and forecasting, Deloitte POV/Article, April 2012.

[50] Callaghan, Shaun; Hawke, K; Mignerey, C. Five myths (and realities) about Zero – base budgeting, October 2014. http: //www. mckinsey. com/insights/corporate_finance/Five_myths_and_realities_about_zero_base_budgeting? cid = other – eml – alt – mip – mck – oth – 1410.

[51] Baseline Budgeting vs. Zero – Base Budgeting: Americans for Prosperity, 2012. http: //americansforprosperityfoundation. com/wp – content/uploads/2014/06/BaselineBudgeting_NtK. pdf.

[52] Kaeding, Nicole. Republics are Poised to Raise Spending. The Cato Institute. April 2015. http: //www. cato. org/blog/republicans – are – poised – raise – spending.

[53] Baseline Budgeting vs. Zero – Base Budgeting: Americans for Prosperity, 2012. http: //americansforprosperityfoundation. com/wp – content/uploads/2014/06/BaselineBudgeting_NtK. pdf.

[54] Perspective on considering a Zero – Base Budgeting (ZBB) planning approach, Deloitte Analysis.

[55] Zero – Based Budgeting (Bain & Company Guide), May 2013. http: //www. bain. com/publications/articles/management – tools – zero – based

– budgeting. aspx.

[56] Baseline Budgeting vs. Zero – Base Budgeting: Americans for Prosperity, 2012. http://americansforprosperityfoundation. com/wp – content/uploads/2014/06/BaselineBudgeting_NtK. pdf.

[57] Zero – Base Budgeting (Bain & Company Guide), May 2013. http://www. bain. com/publications/articles/management – tools – zero – based – budgeting. aspx.

[58] Press Release. The Coca – Cola Company Announces Actions to Drive Stronger Growth. October 2014. http://www. coca – colacompany. com/press – center/press – releases/the – coca – cola – company – announces – actions – to – drive – stronger – growth.

[59] Reingold, Jennifer. Squeezing Heinz. Fortune. October 2013. http://fortune. com/2013/10/10/squeezing – heinz/.

[60] Dow Jones Business News. 3G Capital in Talks to Buy Kraft. March 2015. http://www. nasdaq. com/article/3g – capital – in – talks – to – buy – kraft – 20150324 – 01016.

[61] Office of the Librarian. Zero – Base Budgeting: U. S. General Accounting Office. July 1977. http://www. gao. gov/assets/180/179222. pdf.

[62] Perspective on considering a Zero – Base Budgeting (ZBB) planning approach, Deloitte Analysis.

[63] O'Brien, Kevin. Nokia Profit Rises on Smartphone Sales and Cost – Cutting. The New York Times. January 2010. http://www. nytimes. com/2010/01/29/technology/companies/29nokia. html? _r = 0.

[64] Planning in a Changing World: Rethinking Planning, budgeting and forecasting, Deloitte POV/Article, April 2012.

[65] Kavanagh, Shayne. Zero – Base Budgeting – Modern Experiences and Current Perspectives, 2011. http://www. gfoa. org/sites/default/files/GFOAZero Base Budgeting. pdf.

[66] Planning in a Changing World: Rethinking Planning, budgeting and forecasting, Deloitte POV/Article, April 2012.

[67] Mukdad Mohammad Ibrahim. "Designing Zero – Based Budgeting for Public Organizations" Problems and perspectives in management (2019):

n. pag.

[68] Hamiden Abd El - Wahed Khalifa and Sultan S. Alodhaibi. "Enhancing Zero - Based Budgeting Under Fuzzy Environment" The International Journal of Fuzzy Logic and Intelligent Systems (2021): n. pag.

[69] Rodney Coyte et al. "The revival of zero - based budgeting: drivers and consequences of firm - level adoptions" Accounting and Finance (2021): n. pag.

[70] Wee Hong Woo. "A Revisit to Zero Based Budgeting" The International Journal of Business and Management (2019): n. pag.

[71] Ravindhar Vadapalli. "Relevance of Zero - Based Budgeting (ZBB) to Commercial Banks in Asia under Present "Slow Economic Growth" - A Perspective on Cost Governance" (2019).

[72] Justin P. O'Shea. "Viability of Zero - Based Budgeting Methods in the City of Albuquerque" (2018).

[73] Karen G. Schneider and Charles Richard O'Bryan. "Zero - Based Budgeting In a Cutback Scenario For A Small Academic Library" Library and Leadership Management (2018): n. pag.

[74] J. K. Sehgal. "Zero - Base Budgeting" Paripex Indian Journal Of Research (2017): n. pag.

[75] Udeh Francis Nnoli et al. "Zero - Base budgeting: Pathway to Sustainable Budget Implementation in Nigeria" Trendy v podnikání (2016): n. pag.

[76] Arpana Singh. "Zero - Base Budgeting: An Important Tool" Trinity Journal of Management, IT & Media (2016): n. pag.

[77] Victor Glass et al. "Zero - Base Budgeting: Does it Make Sense for Universal Service Reform? ." Government Information Quarterly (2014): n. pag.

[78] Burim N Haxholli. "Zero Base Budgeting in KCS Implementing Zero Based Budgeting Method in Kosovo Correctional Service" (2015).

[79] Kai - Alexander Kaiser. "PhilippinesInstitutionalizing Zero - Based Budgeting/Program Evaluation in the Government: P129377 - Implementation Status Results Report: Sequence 01" (2013).